게으른 요리

게으른 요리

1판 4쇄 발행 2016년 9월 13일

지은이 | 유경아(다소마미), 김보은(요리헤라)
펴낸이 | 김선숙, 이돈희
펴낸곳 | 그리고책

주소 | 서울특별시 마포구 동교로19길 7 1~2층(서교동, 삭녕빌딩)
대표전화 | 02-717-5486~7 **팩스** | 02-717-5427
이메일 | editor@andbooks.co.kr **홈페이지** | www.andbooks.co.kr
출판등록 | 2003.4.4 제 10-2621호

편집 책임 | 이정순
편집 차장 | 조윤희
편집 진행 | 장유정, 신시내
요리 어시스트 | 이밥차 요리연구소 김단비, 최문경
마케팅 | 남유진, 김성은
영업팀 | 이교준, 정강석
경영전략 | 박승연, 윤민지

교열 | 김혜정
푸드 스타일링 | 김진영 **푸드 스타일링 어시스트** | 이화영
포토디렉터 | 율스튜디오 박형주(02-545-9908) **포토그래퍼** | 안가람, 조민정
디자인 | 올디자인그룹

제품협찬 | 데일리 라이크(http://www.dailylike.co.kr)
　　　　　　스타우브(https://www.facebook.com/staubkorea)

값 12,800원
©2016 유경아, 김보은

ISBN 978-89-97686-70-4 13590

All rights reserved. First edition printed 2016.
* 이 책을 무단 복사, 복제, 전재하는 것은 저작권법에 저촉됩니다.
* 잘못 만들어진 책은 바꾸어 드립니다.
* 책 내용 중 궁금한 사항이 있으시면 그리고책(Tel 02-717-5486, 이메일 hunter@andbooks.co.kr)으로 문의해 주십시오.

유경아(다소마미), 김보은(요리헤라) **지음**

그리고책
andbooks

PROLOGUE

한국의 밥상은 밥과 국을 기본으로 갖가지 반찬으로 이루어져 있고, 대부분의 요리가 채를 썰고 다지고 따로 손질하는 과정이 많아요. 그래서 요리에 익숙하지 않은 사람들은 시작하기를 어려워하기도 하죠. 여러 반찬을 만들어 놓아도 먹는 식구가 별로 없는 소가족이 늘고, 집 밖에만 나가면 무엇이든지 사먹기 쉬운 구조와 대부분의 음식이 배달된다는 것도 사람들을 점점 주방에서 멀어지게 하는 이유 같아요.

하지만 우리는 때때로 한 그릇의 음식에 큰 힘을 얻기도 하고 위로를 받기도 합니다. 〈내 영혼을 위한 닭고기 수프〉의 저자는 집이 가난해서 남은 음식으로 수프를 끓이는 어머니에게 창피해서 친구가 오는 날은 남은 음식으로 수프를 끓이지 말아 달라고 부탁을 합니다. 하지만 친구를 데려온 날에 대접한 음식은 전날 먹은 닭과 딱딱한 빵조각을 넣고 끓인 닭고기수프. 하지만 친구는 훗날 그 음식에서 가족의 사랑을 느꼈다고 말하죠. 대접할 것이 없어도 최선을 다해 볼품없는 식재료를 다듬어서 추운 날 몸을 따끈하게 녹일 수프를 만든 엄마의 정성과 사랑을 보았던 거죠. 다소마미와 요리헤라도 각자 두 아이의 엄마로, 아내로, 며느리로 식구의 먹거리를 책임지면서 할 수 있는 한 정성 가득한 맛있는 음식을 매번 내놓고 싶지만 현실은 쉽고 간편하면서도 맛있는 한 그릇 요리가 필요할 때가 자주 생깁니다.

이 책에서는 그런 한 그릇 요리를 최대한 맛을 살리면서 쉽고 간편하게 만드는 방법을 소개하고 있습니다. 편하게 만들기 위해 편리한 시판제품을 사용하기도 하고, 간단한 요리엔 다양한 비빔장이나 양념장을 소개하여 더 맛있는 맛을 잡아주었지요. 맛에 크게 영향을 주지 않는다면 복잡하고 어려운 과정을 과감하게 생략하거나 쉽게 풀기도 했습니다.

요일별로 카테고리를 나눠 매일매일 준비하는 한 그릇이 색다르게 느껴지도록 한 것도 이 책의 특징이에요.

새롭게 시작하기에 더욱 바쁘게 느껴지는 월요일은 간편하게 볶음밥으로 영양은 듬뿍 섭취할 수 있게 해주며 전문점의 볶음밥 맛을 그대로 내줄 비법을 풀었어요.

화요일은 첫 주의 힘든 하루를 마친 다음날 속편하게 죽으로 준비했어요. 전날 쌀을 씻어 체에 밭쳐 물기를 빼고 냉장고에 보관하면 제일 바쁜 과정이 끝나요. 죽을 쑤면서 물은 한꺼번에 넣지 않고 조금씩 넣어가며 끓여야 차져요. 물론 쌀 대신 밥으로 조금 더 후다닥 만드는 죽도 소개했어요.

수요일은 한주의 중간까지 잘 달려왔으니 따뜻한 덮밥으로 위안을 받아요. 밥은 고슬고슬하게 짓는 게 관건이죠. 그래야 물기 많은 덮밥을 끝까지 맛있게 먹을 수 있어요.

목요일은 이것저것 다 넣고 비빔밥 먹는 날. 양념장을 맛있게 만들기만 하면 재료가 몇가지 안 되도 비빔밥은 맛있어져요.

금요일은 주말 전날, 수고한 식구들을 위해 영양밥을 준비해요. 냄비밥이 각 재료의 향을 살리기 좋지만 쉽게 하려면 압력솥으로도 모두 가능해요.

토요일은 간단하면서도 가볍게 먹을 수 있는 면요리를 소개해요. 육수를 오래 끓이지 않고 대부분 기본 육수에 시판 농축액을 섞거나 해서 가능하면 쉽게 해먹을 수 있게 했어요.

외출하기 좋은 일요일, 주먹밥이라도 만들어 야외라도 나가야죠. 김밥, 주먹밥 등을 아침에 손쉽게 만들어 놀러갔다오면 어떨까요? 물론 늦잠 자는 날이니 만큼 브런치로도 좋은 메뉴이기도 하고요.

일주일 내내 너무나 간단해서 게으르게 준비한 요리가 아닐까 싶지만 간단해도 알고 보면 가족을 위한 마음을 고스란히 담은 정성담긴 집밥을 먹는 식구들…… 매주 힘낼 수 있겠죠.

다소마미, 요리헤라

CONTENTS

PART 1 주방에서 10분을 버는 요리 비법

- 11 초스피드 식재료 밑작업
- 12 상황별 밥 짓는 노하우
- 13 시판제품으로 게으른 요리 만들기
- 14 게으른 요리 계량법

PART 2 월요일엔 간편 볶음밥

- 18 달걀볶음밥
- 20 김치베이컨볶음밥
- 22 치킨데리야키볶음밥
- 24 명란볶음밥
- 26 파인애플볶음밥
- 28 새우파프리카볶음밥
- 30 삼선볶음밥
- 32 잔멸치볶음밥
- 34 참치볶음밥
- 36 돼지고기장아찌볶음밥
- 38 카레볶음밥
- 40 짜장볶음밥
- 42 치킨도리아
- 44 오므라이스
- 46 토마토소스리소토

PLUS RECIPE
- 48 기본 볶음밥 & 간단 국 3종

PART 3 화요일엔 속편한 죽		PART 4 수요일엔 따뜻한 덮밥	
52	된장아욱죽	86	매콤김치참치덮밥
54	참치채소죽	88	참치마요덮밥
56	찬밥달걀죽	90	일본식카레라이스
58	김치콩나물죽	92	토마토카레덮밥
60	게살미역죽	94	오징어덮밥
62	황태죽	96	장어구이덮밥
64	바지락죽	98	달걀새우칠리덮밥
66	새우애호박죽	100	치킨마요덮밥
68	매생이바지락죽	102	쇠고기덮밥(규동)
70	들깨닭죽	104	짜장덮밥
72	쇠고기버섯죽	106	대패삼겹살덮밥
74	치즈감자죽	108	제육덮밥
76	옥수수양파죽	110	돈가스덮밥
78	연근크림죽	112	햄버그덮밥
80	누룽지카레죽	114	마파소스덮밥
	PLUS RECIPE		**PLUS RECIPE**
82	기본 육수 3종&장아찌 4종	116	덮밥을 업그레이드 시키는 초간단 김치 4종

PART 5 \ 목요일엔 산뜻한 비빔밥

- 120 노각생채비빔밥
- 122 참치새싹비빔밥
- 124 산채나물비빔밥
- 126 청국장비빔밥
- 128 부추강된장비빔밥
- 130 열무보리비빔밥
- 132 쌈채소겉절이비빔밥
- 134 훈제연어비빔밥
- 136 멍게비빔밥
- 138 꼬막비빔밥
- 140 꽃게살비빔밥
- 142 닭고기비빔밥
- 144 스테이크비빔밥
- 146 불고기비빔밥
- 148 장조림버터비빔밥
- **PLUS RECIPE**
- 150 비빔밥의 맛을 좌우하는 황금비빔장 4종

PART 6 \ 금요일엔 건강식 영양밥

- 154 곤드레나물밥
- 156 취나물밥
- 158 콩나물밥
- 160 돼지고기김치밥
- 162 김치치즈밥
- 164 뚝배기김치알밥
- 166 더덕솥밥
- 168 버섯영양솥밥
- 170 채소솥밥
- 172 오곡밥
- 174 무굴밥
- 176 해물솥밥
- 178 홍합밥
- 180 전복영양밥
- 182 쇠고기무밥
- **PLUS RECIPE**
- 184 영양밥과 어울리는 초간단 밑반찬 4종

PART 7 토요일엔 한 입 주먹밥

- 188 달걀말이김밥
- 190 김치김밥
- 192 고추냉이참치마요김밥
- 194 불고기치즈김밥
- 196 연어통조림롤
- 198 오이게살초밥
- 200 묵은지초밥
- 202 멸치깻잎쌈밥
- 204 양배추쌈밥
- 206 떡갈비주먹밥
- 208 명란새우무스비
- 210 오니기리
- 212 시래기잔멸치주먹밥
- 214 찹쌀주먹밥튀김
- 216 나물밥전
- **PLUS RECIPE**
- 218 폼나게 도시락 싸는 노하우

PART 8 일요일엔 후루룩 면요리

- 222 잔치국수
- 224 바지락칼국수
- 226 닭칼국수
- 228 어묵꼬치우동
- 230 카레우동
- 232 해물볶음우동
- 234 쟁반자장
- 236 콩나물대파라면
- 238 명란오일파스타
- 240 팟타이
- 242 골뱅이비빔국수
- 244 두부콩국수
- 246 쫄면
- 248 메밀국수
- 250 냉가지조림국수
- **PLUS RECIPE**
- 252 실패없는 탱글탱글 면 삶는 노하우

PART 1
주방에서 10분을 버는 요리 비법

초스피드 식재료 밑작업

- **밥**
  고슬 고슬 지은 밥이 남았다면 냉동고에 급속 냉동시킨 뒤 지퍼백에 고루 펼쳐 보관해요. 먹을 만큼 꺼내어 볶음밥, 죽, 덮밥, 비빔밥에 사용하세요.

- **대파**
  볶음밥에 많이 들어가는 향신료는 잘게 썰어 지퍼백에 넣어 냉동 보관해주세요. 나중에 먹을 만큼 꺼내어 사용하면 시간을 단축할 수 있어요.

- **조개**
  해감한 조개는 지퍼백에 물과 함께 넣고 냉동 보관해요. 해감 시간도 줄일뿐더러 볶음밥, 죽, 덮밥에 사용하세요.

- **곤드레 나물**
  불리는데만 시간이 걸리는 곤드레 나물은 깨끗하게 손질해 오랜 시간 불린 뒤 지퍼백에 넣어 냉동 보관해요. 먹을 만큼 꺼내어 뜨거운 물에 데쳐 사용할 수 있어요.

- **오징어**
  손질하게 번거로운 오징어는 한 번에 손질해 먹기 좋은 크기로 잘라 데친 후 냉동 보관 해주세요. 먹을 만큼 꺼내어 볶음밥, 죽, 덮밥에 사용하세요.

상황별 밥 짓는 노하우

맛있는 밥만 있으면 열 반찬이 필요 없죠. 식탁의 질을 좌우하는 밥,
어떻게 해야 더 맛있게 지을 수 있을까요?
냄비, 압력밥솥, 전기밥솥 등 다양한 취사도구를 이용해 맛있게 밥 짓는 법을 소개할게요.

냄새 없이 쌀 씻기

STEP 1 먼지와 이물질 씻기
큰 볼에 쌀을 담고 충분히 잠길 만큼 찬물을 부어 가볍게 휘저어가며 겉의 먼지를 씻고 물은 재빨리 따라 버려요. 다시 물을 부어 두어 번 휘저어가며 가볍게 움켜쥐듯 하며 씻은 뒤 쌀 표면에 묻어 있는 쌀겨의 냄새가 쌀에 흡수되기 전에 재빨리 물을 버려요.

STEP 2 문질러 씻기
손바닥을 이용해 고루 가볍게 치대며 비벼 씻어요. 쌀의 양에 따라 서너 번 정도 치대 씻는데, 힘을 너무 주면 쌀눈이 떨어지거나 쌀이 부서질 수 있으므로 살살 씻어주세요.

STEP 3 헹구기
다시 물을 충분히 붓고 휘저어 섞어 바로 물을 버리고, 뿌연 물이 나오면 한 번 더 씻어 헹궈요. 만약 쌀뜨물을 따로 사용하고 싶다면 이때 나온 물을 받아 사용해요.

STEP 4 물에 담가 불리기
밥을 짓기에 알맞은 양의 물을 붓고 여름에는 30분, 겨울에는 1시간 정도 불려요. 불리는 과정에서 쌀에 물이 흡수되어 호화가 잘되게 도와줘요.

STEP 5 체에 밭쳐 건지기
1시간 이상 쌀을 불리면 쌀이 지나치게 물러질 수 있으니 적당히 불린 뒤 체에 밭쳐 건져둬요. 이때 쌀을 불린 물은 쌀의 수용성 성분이 녹아 있으므로 버리지 말고 그대로 두었다가 밥물로 사용해요.

취사도구에 따라 밥짓기

• 전기밥솥
전기밥솥은 일반밥솥과 압력밥솥으로 나눌 수 있는데 사용 방법은 동일해요. 밥솥에 동봉된 계량컵으로 쌀 양을 맞추고 솥에 표시된 눈금대로 물을 부어 사용하면 됩니다. 손질한 쌀을 전기밥솥에 넣고 뚜껑을 닫은 뒤 스위치를 누르면 자동으로 취사가 돼요. 취사과정이 끝나고 보온으로 넘어가면 약 15분 정도 그대로 두어 뜸을 들인 뒤 뚜껑을 열고 솥 가장자리부터 주걱으로 위아래를 크게 뒤섞어 바닥에 고여 있는 증기를 없애고 남아 있을 수 있는 쌀 냄새를 날려 주세요.

• 압력솥
압력솥으로 밥을 지으면 전기밥솥이나 냄비로 했을 때보다 밥에 찰기가 있고 쫀득쫀득한 식감이 좋아요. 때문에 쫀득한 식감을 원하거나 잡곡밥이나 현미밥처럼 백미에 비해 찰기가 없는 밥을 지을 때 진가를 발휘한답니다. 밥물은 불리지 않은 쌀 분량의 1.1배로 잡으면 적당해요. 햅쌀이나 불린 쌀을 사용할 경우에는 동량으로 잡고, 고슬고슬한 밥을 원한다면 0.9배로 잡아요. 쌀과 알맞은 분량의 물을 넣은 뒤에는 압력이 새어나가지 않도록 뚜껑을 잘 맞춰 닫고 불에 올려요. 밥을 짓는 과정에서 따로 불 조절을 할 필요는 없어요. 센 불로 끓여 압력솥의 압력이 높아져 추가 위로 다 올라와 칙칙거리며 신호가 오면 불을 끕니다. 압력이 모두 빠져 추가 다 가라앉을 때까지 기다려 뚜껑을 열고 밥을 섞어요.

• 냄비
밥물의 양은 불리지 않은 쌀의 1.2배로 잡고, 불린 쌀을 이용할 경우에는 동량으로 잡아요. 뚜껑을 덮고 처음에는 센 불에서 밥물이 끓을 때까지 끓여요. 물이 끓기 시작하면 중간 불로 줄여 5분 정도 두었다가 뚜껑을 살짝 열어보아 쌀 위에 물이 잦아들어 보이지 않으면 약한 불로 줄여 10분간 둡니다. 불을 끄고 위아래를 고루 섞어 다독인 뒤 다시 5~10분간 뜸을 들이세요.

• 뚝배기, 가마솥, 돌솥
냄비와 마찬가지로 밥물은 불리기 전 쌀의 1.2배로 잡고, 불린 쌀을 사용할 땐 동량으로 잡아요. 뚝배기나 가마솥, 돌솥의 경우 두께가 두껍기 때문에 열이 오르기까지 오래 걸리지만 일단 열이 올라가면 그 열이 오래가므로 불조절이 중요해요. 쌀을 불에 올려 물이 끓기 시작하면 바로 약한 불로 줄여요. 서서히 온도가 떨어지며 자연스럽게 센 불, 중간 불, 약한 불의 역할을 해 밥을 짓게 돼요. 불을 줄인 뒤 약 15분이면 밥이 됩니다. 불을 줄여도 온도가 쉽게 떨어지지 않아 물이 넘치려고 하면 뚜껑을 열어 열기를 조금 날리고 다시 닫아주세요.

시판제품으로 게으른 요리 만들기

바쁜 일상 속에서 매번 집밥을 만들어 먹는 게 쉬운 일은 아니죠.
좀 더 편하게, 그리고 맛있게 밥상을 차릴 수 있도록
요리하는 사람의 수고를 덜어주는 금쪽같은 시판 제품을 추천합니다.

• 다시팩
육수는 국물 요리 맛내기의 기본이자 핵심이에요. 조미료만으로는 낼 수 없는 깊은 감칠맛을 내주죠. 하지만 매번 만드는 일이 쉽지만은 않은데, 번거로움보다도 신선한 재료를 항상 구비해 두는 것이 어렵기 때문이에요. 그렇다고 조미료를 쓰자니 망설여질 때, '다시팩'을 추천해요. 원물 재료를 1회 사용량씩 소분해 작은 티백에 담아 놓은 제품으로 한 팩씩 꺼내 물에 넣기만 하면 되고, 사용한 뒤에는 팩째 건져내면 되니 편리해요.

• 통조림 제품
대부분의 집에서 통조림 햄과 참치 정도는 구비해두고 있을 거예요. 미리 가열, 조리된 제품이라 바로 먹을 수 있어 요리하기 귀찮은 날 요긴하게 쓰여요. 찌개, 볶음밥, 샌드위치, 샐러드 등 거의 모든 요리에 어울리고 고기의 대체 재료로도 활용할 수 있으니 편리하죠.

• 토르티야
식사메뉴부터 간식까지 밀가루 반죽이 필요한 요리에 두루 활용할 수 있는 편리한 식재료예요. 팬에 살짝 굽기만 하면 고소하고 차진 맛이 살아나요. 특히 10분 안에 완성하는 간단 요리 재료로 인기가 높은데, 잼과 견과류, 초콜릿 등 각종 토핑을 올린 토르티야피자, 바삭하게 구워 토마토소스를 곁들이는 토르티야칩 등 아이디어 요리가 다양하게 개발되고 있어요.

• 즉석밥
취사 버튼 누르는 걸 깜빡해서 낭패를 보는 경우가 종종 있죠. 그런 난감한 상황을 비롯해 밥 짓는 시간을 기다리기 힘들 때 도움이 되는 제품이에요. 매 끼 새로 밥을 짓지 않아도 전자레인지를 이용하면 3분 만에 갓 지은 듯 차진 밥을 먹을 수 있어요. 요즘에는 다양한 현미와 잡곡 제품도 나와 있으니 기호에 맞는 제품을 이용해 보세요.

• 참치액
요리 좀 한다는 사람이라면 이미 다 사용하는 소스. 훈연참치 농축액에 다시마, 무, 오미자, 감초 등의 재료를 농축해 넣어 적은 양으로도 음식에 깊은 맛을 내요. 어묵국물, 우동국물 등에 사용하면 가쓰오부시육수를 따로 내지 않아도 돼요. 무침요리, 볶음요리에도 약간 넣어주면 부족한 맛을 채워준답니다.

• 액젓
멸치나 까나리 등을 소금에 섞어 저온 숙성을 거쳐 발효시켜 만드는데요. 김치 담글 때만 쓰는 것으로 알고 있지만 요리 고수들은 멸치육수를 낸 국물요리나 채소무침, 나물요리에 살짝 넣어 감칠맛을 살린답니다.

• 향신간장
간장을 향신채소, 과일과 함께 달여 만든 것으로 일반적인 찜, 조림 외에도 활용법이 다양한데요. 샐러드드레싱에 약간 넣으면 샐러드의 풍미가 살아나고, 함박스테이크의 반죽에 조금 넣으면 고기의 감칠맛이 좋아져요. 볶음밥이나 파스타 맛내기에도 좋답니다.

• 국시장국
멸치, 채소, 간장 등을 진하게 우린 것. 국수의 육수 말고도 설탕과 간장을 조금 더 넣어 데리야키소스로 사용하기도 해요.

• 굴소스
볶음요리 외에도 샐러드드레싱이나 국물요리에 넣어 감칠맛을 주는데요. 마지막에 넣으면 특유의 맛이 남아 있을 수 있으니 요리의 초기단계에 넣어 재료와 잘 어우러지도록 하는 것이 좋아요.

게으른 요리 계량법

이 책의 레시피는 4인분을 기본으로 작성됐어요. 다소마미와 요리혜라는 분량에 차이를 최소화하기 위해 동일한 계량스푼을 이용했어요. 혹시 집에 계량스푼을 구비하지 않았다면 밥숟가락과 종이컵을 이용해도 좋아요. 재는 방법은 계량스푼으로 재료를 넉넉히 담은 뒤 윗부분을 평평하게 깎아 잰 뒤 밥 수저에 같은 양을 담아 비교했으니 참고하세요.

가루 양념재기

- **설탕 1큰술(15ml)**
밥숟가락으로 수북이 1수저가 계량스푼 1큰술

- **설탕 0.5큰술(7.5ml)**
밥숟가락의 빈 부분이 1/3 정도 보이도록 앞부분을 소복하게 담으면 계량스푼 0.5큰술

- **설탕 1작은술(5ml)**
밥숟가락 빈 부분이 반 조금 넘게 보이도록 담으면 계량스푼 1작은술

장 양념재기

- **고추장 1큰술**
밥숟가락 수북이 1수저가 계량스푼 1큰술

- **고추장 0.5큰술**
밥숟가락의 빈 부분이 1/3 정도 보이도록 앞부분을 소복하게 담으면 계량스푼 0.5큰술

- **고추장 1작은술**
밥숟가락 빈 부분이 2/3 정도 보이도록 앞부분을 소복하게 담으면 계량스푼 1작은술

액체 양념재기

- **간장 1큰술**
밥숟가락으로 2번 담으면 계량스푼 1큰술

- **간장 0.5큰술**
밥숟가락으로 1번 담으면 계량스푼 0.5큰술

- **간장 1작은술**
밥숟가락의 가장자리가 0.5mm 정도 보일만큼 담으면 계량스푼 1작은술

손으로 쉽게 계량하기

- **콩나물(1줌)**
손으로 자연스럽게 한가득 쥐어요.

- **시금치(1줌)**
손으로 자연스럽게 한가득 쥐어요.

- **국수(1줌=1인분)**
500원 동전 굵기로 가볍게 쥐어요.

종이컵으로 쉽게 계량하기

육수(1컵=180㎖)
종이컵에 가득 담아요.

육수(½컵=90㎖)
종이컵의 절반만 담아요.

밀가루(1컵=100g)
종이컵에 가득 담아 윗면을 깎아요.

다진 양파(1컵=110g)
종이컵에 가득 담아 윗면을 깎아요.

아몬드(½컵)
종이컵의 절반만 담아요.

멸치(1컵)
종이컵에 가득 담아요.

눈대중으로 분량 재기

애호박(½개=100g)

양파(¼개=50g)

무(1토막=150g)

당근(½개=100g)

마늘(1쪽=5g)

생강(1쪽=7g)

알아두기

필수재료 해당 음식을 만들기 위해 꼭 필요한 재료를 말해요.
선택재료 넣으면 좋지만 다른 재료로 대체해도 되고 한두 가지는 빼도 기본적인 맛을 내는 데에 큰 문제가 없는 재료들이에요.
약간 엄지랑 검지로 집은 정도예요. 개인의 취향에 따라 조금 더 넣으라는 의미도 포함되어 있어요.

분량이 없는 경우 고명으로 얹는 재료, 혹은 생선이나 고기에 묻히는 덧가루, 기호에 맞게 따로 준비해도 되는 재료의 경우에는 특별히 용량을 표시하지 않았어요.
양념 양념은 요리를 하면서 넣지만 먼저 섞지 않아도 되기 때문에 쭉 나열했어요.
소스, 양념장, 절임장 음식을 만들기 전에 재료를 미리 만들어 놓으면 좋아요. 섞으라는 뜻에서 +로 표시했어요.

파인애플볶음밥 28p

어묵국 49p

MONDAY

돼지고기잔아채볶음밥 36p

PART 2 — 월요일엔 간편·볶음밥

새우파프리카볶음밥 28p

달걀국 49p

바지락콩나물국 49p

*모든 요리는 4인분 기준입니다.

자취생도 문제 없는 초간단 볶음밥
달걀볶음밥

별다른 재료 없이 대파와 달걀만으로 고슬고슬한 볶음밥을 만들 수 있어요.
파의 향이 잘 배어들도록 식용유에 충분히 볶아 향긋함을 더하고
마지막에 참기름을 넣어 고소한 맛을 추가해요.

| MONDAY | TUESDAY | WEDNESDAY | THURSDAY | FRIDAY | SATURDAY | SUNDAY |

필수 재료
달걀 4개, 대파 2대, 밥 3공기

양념
소금 약간, 굴소스 1.5큰술,
치킨스톡 0.5큰술, 후춧가루 약간,
참기름 0.5작은술

간편하게 시판제품
치킨스톡은 이 제품을 사용했어요. 치킨스톡은 큐브로 되어있어 빻아 쓰기도 좋고, 국물에 하나씩 넣어 사용할 수 있어 편리해요. 대형마트에서 구입할 수 있어요.

1

달걀은 풀어서 소금으로 간하고, 달군 팬에 식용유 1큰술를 두르고 푼 달걀물은 스크램블해 덜어두고,

2

대파는 송송 썰고,

3

팬에 식용유 2큰술를 두르고 대파를 넣어 3분간 중약 불에서 볶아 향을 내고,
TIP 대파가 타지 않게 중약 불에서 향이 나도록 충분히 볶아요.

4

밥, 굴소스, 치킨스톡*을 넣어 고슬고슬하게 볶고,
TIP 밥은 따뜻하게 준비해서 넣어요. 치킨스톡은 빻아서 가루로 만들어 넣어요.

5

스크램블한 달걀을 넣어 섞은 뒤 모자라는 간은 소금으로 맞추고 후춧가루, 참기름을 넣고 한 번 더 볶아 마무리.

5분 버는 스마트 요리법

모양을 생각하지 않는다면 따로 스크램블할 필요 없이 달걀물에 밥을 섞어 볶아요.
① 달걀을 풀어 소금약간으로 간한 뒤 밥을 넣어 섞고,
② 대파를 송송 썰어 달군 팬에 식용유를 넉넉히 두른 뒤 향이 나도록 볶고,
③ 달걀밥을 넣고 볶다가 굴소스, 치킨스톡, 소금, 후춧가루로 간하고 참기름을 넣어 마무리.

한국인이라면 누구나 좋아하는
김치베이컨볶음밥

김치만 넣고 볶아도 맛있지만 베이컨을 넣으면
훨씬 더 고소한 맛을 낼 수 있어요.
사용하고 남은 김치는 별도의 보관용기에 모아 두었다가
송송 썰어 볶음밥이나 찌개에 사용하면 편리해요.

| MONDAY | TUESDAY | WEDNESDAY | THURSDAY | FRIDAY | SATURDAY | SUNDAY |

필수 재료
배추김치 1½컵, 베이컨 4장,
밥 3½공기

선택 재료
양파 ½개, 쪽파 4대

양념
고추장 1큰술,
소금 약간, 참기름 1큰술

1 배추김치는 소를 털어 송송 썰고,

2 베이컨은 1cm 두께로 썰고, 양파는 굵게 다지고, 쪽파는 송송 썰고,

3 달군 팬에 식용유 2큰술를 두르고 베이컨을 볶다가 김치와 양파를 넣어 볶고,
TIP 베이컨 대신 돼지고기나 스팸을 넣어도 잘 어울려요.

4 밥과 고추장을 넣고 고루 섞어가며 볶다가 모자란 간은 소금으로 맞추고, 참기름을 둘러 한 번 더 살짝 볶아 쪽파를 뿌려 마무리.
TIP 마지막에 참기름 대신 버터 1작은술을 넣고 볶아도 맛있어요.

달콤함과 짭짤함의 조화
치킨데리야키볶음밥

데리야키소스에 닭고기를 볶아 만든 중독성 강한 볶음밥이에요.
할라피뇨 특유의 향과 매콤함이 볶음밥과 무척이나 잘 어우러지죠.
할라피뇨 대신 마늘장아찌를 다져 넣고 볶아도 맛있답니다.

MONDAY | TUESDAY | WEDNESDAY | THURSDAY | FRIDAY | SATURDAY | SUNDAY

필수 재료
닭안심 4장, 양파 1개, 양송이버섯 4개,
할라피뇨 ¼컵, 밥 3공기

선택 재료
피망 녹색, 붉은색 ¼개씩, 마늘 3쪽,
버터 2큰술,
시판 데리야키소스 3큰술

양념
소금 약간, 후춧가루 0.2작은술,
참기름 0.5큰술

 **간편하게 시판제품***
데리야키소스는 이 제품을 사용했어요.

1
닭안심은 1cm 두께로 썰고, 양파, 피망, 양송이버섯, 할라피뇨는 작게 썰고, 마늘은 납작 썰고.

2
달군 팬에 식용유 1큰술를 두르고 마늘을 볶다가 닭안심을 넣어 볶고,

3
버터, 식용유 1큰술, 양파, 할라피뇨를 넣어 볶고,

4
밥, 피망, 데리야키소스*를 넣어 볶다가 모자라는 간은 소금으로 맞추고 후춧가루, 참기름을 넣고 한 번 더 볶아 마무리.
TIP 시판용 데리야키소스의 색이 연하다면 소금 대신 간장을 넣어 간을 맞추세요.

5분 버는 스마트 요리법

남은 치킨을 이용해 보세요. 곁들이는 채소는 어떤 것도 다 좋아요.

1 채소와 할라피뇨는 다지고, 치킨은 살만 발라내어 먹기 좋은 크기로 썰고.
2 달군 팬에 식용유를 두르고 납작 썬 마늘을 넣어 볶다가 채소를 넣어 볶고,
3 버터, 치킨, 할라피뇨를 넣고 볶다가 밥을 넣어 볶고,
4 데리야키소스를 넣어 간을 맞추고 후춧가루, 참기름을 넣고 섞어 마무리.

고운 색만큼 고소한 볶음밥
명란볶음밥

명란젓은 주먹밥이나 파스타에 넣기도 하지만
볶음밥에 넣어도 밥알에 곱게 물들어 맛은 물론
색 고운 볶음밥이 되죠. 랩에 돌돌 말아 밀폐용기에 담고
김치냉장고에 보관하면 장기 보관할 수 있어요.

| **MONDAY** | TUESDAY | WEDNESDAY | THURSDAY | FRIDAY | SATURDAY | SUNDAY |

필수 재료
명란젓 큰 것 3개, 달걀 4개, 밥 3공기

선택 재료
마늘 3톨, 쪽파 3대,
다진 파 3큰술

양념
소금 약간, 마요네즈 3큰술

1
명란젓은 수저로 속만 긁어두고,

2
달걀은 풀어 소금약간으로 간해 달군 팬에 식용유1큰술를 두르고 스크램블해 덜어두고, 마늘은 납작 썰고, 쪽파는 송송 썰고,

3
팬에 식용유2큰술를 두르고 마늘과 다진 파를 중약 불에서 볶아 향을 내고,

4
밥과 마요네즈를 넣고 고슬고슬하게 볶다가 명란젓을 넣어 잘 섞고,
TIP 명란젓이 밥에 잘 코팅되도록 주걱을 세우고 섞어가며 중약 불에서 볶아주세요.

5
스크램블한 달걀과 쪽파를 넣고 한 번 더 볶아 마무리.

동남아식 볶음밥
파인애플볶음밥

열대지방인 동남아에선 파인애플을 이용해 볶음밥을 만들기도 하죠. 카레가루를 넣어 향을 내고 피시소스로 간을 맞추어 달콤하면서도 동남아특유의 향이 감도는 파인애플볶음밥을 만들어 보세요.

MONDAY TUESDAY WEDNESDAY THURSDAY FRIDAY SATURDAY SUNDAY

필수 재료
통조림 파인애플 4쪽, 칵테일새우 1컵,
밥 3공기

선택 재료
슬라이스햄 4장, 양파 1개, 피망 ½개

양념
카레가루 1큰술, 피시소스 1큰술,
소금 약간

1

파인애플은 도톰하게
썰고, 햄, 양파, 피망은
도톰하게 다지고,

2

달군 팬에 식용유 3큰술를
두르고 양파를 볶다가
햄, 칵테일새우, 피망을
넣어 볶고,

3

밥과 카레가루를 넣어
볶고,

4

피시소스를 넣고 모자란
간은 소금으로 맞춘 뒤
파인애플을 넣고 고루
섞어 마무리.
TIP 통조림 파인애플 국물을
조금 넣어 단맛을 추가
해도 좋아요.

누구나 좋아하는 알록달록 볶음밥
새우파프리카볶음밥

칼슘, 타우린이 풍부한 새우와 비타민 C가 많은 파프리카를 넣은 알록달록한 볶음밥이에요. 탱글탱글한 새우의 식감이 돋보이는 한 끼죠.

MONDAY TUESDAY WEDNESDAY THURSDAY FRIDAY SATURDAY SUNDAY

필수 재료
파프리카 빨강.초록 ¼개씩, 양파 ½개,
당근 ¼개, 달걀 4개, 칵테일새우 1컵,
밥 2½공기

양념
소금 약간, 버터 1큰술,
치킨스톡 1작은술, 백후춧가루 약간

1

파프리카, 양파, 당근은 도톰하게 다지고, 달걀은 풀어 소금약간으로 간해 달군 팬에 식용유 1큰술를 두르고 스크램블해 덜어두고,

2

식용유 2큰술를 더 두르고 양파, 당근을 볶다가 새우와 파프리카를 넣고 소금약간을 뿌려가며 볶고,
TIP 파프리카는 나중에 넣어야 색이 쉽게 변하지 않아요.

3

버터, 밥, 치킨스톡을 넣고 볶다가 모자라는 간은 소금으로 맞추고,
TIP 밥에 굴소스를 넣어 간을 더해도 좋지만 볶음밥 색이 어둡게 변하기 때문에 치킨스톡과 소금으로 맞추는 편이 좋아요.

4

스크램블한 달걀을 넣고 백후춧가루 약간를 뿌려 한 번 더 섞어 마무리.

세 가지 산해진미를 넣은
삼선볶음밥

중국요리에서 삼선이란 3가지 산해진미를 말해요. 제법 비싸게 받는 삼선볶음밥이지만 집에서 만들면 재료를 푸짐하게 넣어 쉽게 만들 수 있어요.

MONDAY TUESDAY WEDNESDAY THURSDAY FRIDAY SATURDAY SUNDAY

필수 재료
쇠고기 100g, 달걀 4개,
새우 중하 8마리, 밥 3공기

선택 재료
해삼 80g, 당근 ¼개, 대파 1대,
통조림 완두콩 ¼컵

양념
치킨스톡 1작은술, 소금 1작은술

간편하게 시판제품*
통조림 완두콩은 이 제품을
사용했어요.

1. 해삼과 쇠고기는 1cm 두께로 깍둑 썰고, 당근은 도톰하게 다지고, 대파는 송송 썰고,

2. 달걀은 풀어서 식용유 1큰술 두른 팬에 스크램블 해 덜어두고,

3. 달군 팬에 식용유 3큰술를 두르고 대파를 볶다가 쇠고기, 새우, 해삼, 당근을 넣고 소금 약간을 뿌려가며 볶고,

4. 밥을 넣어 볶다가 치킨스톡을 넣고 소금으로 간을 맞추고 통조림 완두콩*, 스크램블한 달걀을 넣고 한 번 더 볶아 마무리.

칼슘 가득한
잔멸치볶음밥

칼슘이 풍부한 잔멸치는 맛은 물론 영양까지 높아 밑반찬으로 인기죠.
집에 있는 채소를 더해 볶음밥으로 만들어 봤어요.
성장기 아이들에게 만들어 주기 좋은 영양 볶음밥이에요.

MONDAY | TUESDAY | WEDNESDAY | THURSDAY | FRIDAY | SATURDAY | SUNDAY

필수 재료
양파 ½개, 표고버섯 3개,
잔멸치 1½컵, 밥 3½공기

선택 재료
마늘 5톨, 쪽파 3대

양념
버터 1.5큰술, 간장 1큰술,
검은깨 0.5큰술, 참기름 0.5작은술

1 양파와 표고버섯은 굵게 다지고, 마늘은 납작 썰고, 쪽파는 송송 썰고,

2 식용유 3큰술를 두른 팬에 마늘을 볶아 향이 나면 잔멸치를 넣어 바삭하게 볶아 꺼내 식히고,

3 팬에 버터와 식용유 1큰술를 두르고 양파와 표고버섯을 넣어 볶고,
TIP 매콤한 맛을 원할 땐 식용유 대신 고추기름을 쪽파 대신 청양고추를 넣어도 좋아요.

4 밥과 간장을 넣고 고슬고슬하게 볶다가 잔멸치볶음, 쪽파, 검은깨, 참기름을 넣고 한 번 더 볶아 마무리.
TIP 잔멸치가 넉넉히 들어가므로 다 볶은 후에 모자라는 간은 소금으로 맞추세요.

5분 버는 스마트 요리법

냉장고에 잔멸치볶음이 남아 있다면 볶음밥을 만들어 보세요.
청양고추를 송송 썰어 마지막에 넣고 볶아도 별미예요.

1 양파와 표고버섯은 다지고, 마늘은 납작 썰고, 청양고추는 송송 썰고,
2 달군 팬에 마늘을 볶아 향을 낸 뒤 양파, 표고버섯을 넣어 볶고,
3 밥을 넣어 볶다가 잔멸치볶음을 넣고,
4 모자라는 간은 간장 약간으로 맞추고 쪽파, 청양고추, 검은깨, 참기름을 넣고 한 번 더 볶아 마무리.

통조림이 필요한 순간
참치볶음밥

통조림 참치 1캔으로 만드는 초간편 볶음밥이에요.
먼저 대파의 흰부분을 기름에 볶아 향을 내면 참치의 비린 맛을 잡고
고소한 맛은 살아나요. 매운맛을 좋아하면 청양고추를
한두 개 다져 넣어 보세요. 칼칼한 맛이 일품이에요.

MONDAY TUESDAY WEDNESDAY THURSDAY FRIDAY SATURDAY SUNDAY

필수 재료
대파 1대, 밥 3½공기, 통조림 참치 1캔

선택 재료
당근 ¼개, 양파 ½개

양념
소금 약간, 후춧가루 약간

간편하게 시판제품★
통조림 참치는 이 제품을 사용했어요.

1

대파는 흰부분과 파란부분을 나누어 얇게 썰고,
TIP 마늘 1~2톨을 납작 썰어 같이 넣으면 더 좋아요.

2

당근과 양파는 얇게 다지고, 통조림 참치★는 체에 밭쳐 기름을 빼고,
TIP 익는 속도를 맞추기 위해 당근은 양파보다 좀 더 작게 다져요.

3

팬에 식용유 3큰술를 두르고 약한 불에 달궈 대파 흰부분을 넣고 볶아 향을 내고,

4

당근과 양파를 넣고 볶다가 밥을 넣고 고슬고슬하게 볶고,

5

대파 파란부분과 참치를 넣고 센 불에서 가볍게 볶아 소금, 후춧가루로 간을 맞춰 마무리.

꼬들꼬들 식감이 좋아요
돼지고기장아찌볶음밥

무장아찌는 짭조름하면서도 꼬들꼬들한 식감과 깔끔한 맛에 밑반찬이나 김밥 등에 자주 사용하는데요. 볶음밥에 넣어도 오독오독 씹히는 식감이 좋고 짭조름하면서도 개운한 맛을 더하죠.

MONDAY TUESDAY WEDNESDAY THURSDAY FRIDAY SATURDAY SUNDAY

필수 재료
무장아찌 100g, 쪽파 3대,
돼지고기 목살 200g, 달걀 4개,
밥 2½공기

고기 밑간
간장 2작은술, 생강술 1작은술,
후춧가루 약간

양념
굴소스 1작은술, 치킨스톡 0.5작은술,
후춧가루 약간, 참기름 0.5작은술

1

무장아찌는 찬물에 10분간 담갔다 꼭 짜서 굵게 다지고, 쪽파는 송송 썰고,

TIP 물에 너무 오래 담그면 맛이 다 빠져 버려요.

2

돼지고기는 작게 썰어 **고기 밑간**으로 양념하고, 달걀은 풀어 달군 팬에 식용유 2큰술를 두르고 스크램블해 덜어두고,

3

팬에 식용유 2큰술를 두르고 양념한 고기를 볶다가 무장아찌를 넣어 5분간 볶고,

4

밥, 굴소스, 치킨스톡을 넣어 고슬고슬하게 볶고,

5

스크램블한 달걀을 넣어 볶다가 후춧가루, 참기름, 송송 썬 대파를 넣고 한 번 더 볶아 마무리.

5분 버는 스마트 요리법

먹다 남은 돼지불고기를 이용해 보세요. 간장양념, 고추장양념 상관없어요.

1. 무장아찌는 찬물에 10분간 담갔다가 꼭 짜서 굵게 다지고,
2. 돼지불고기는 도톰하게 썰고, 달걀은 스크램블하고,
4. 식용유를 두르고 돼지불고기와 무장아찌를 넣어 볶다가 밥을 넣어 볶고,
5. 스크램블한 달걀을 넣고 후춧가루, 참기름, 송송 썬 대파를 넣어 한 번 더 볶아 마무리.

아이들 마음 사로잡는 마법의 가루
카레볶음밥

질척한 카레라이스를 좋아하는 첫째, 고슬고슬한 볶음밥을 좋아하는 둘째. 고민 말고 같은 재료로 카레볶음밥과 카레라이스를 동시에 만들어 보아요.

| MONDAY | TUESDAY | WEDNESDAY | THURSDAY | FRIDAY | SATURDAY | SUNDAY |

필수 재료

쇠고기 50g, 양파 ½개
카레가루 1큰술, 밥 2½공기

선택 재료

당근 ⅙개, 감자 ⅙개, 애호박 ⅙개

양념

버터 1큰술, 소금 약간

간편하게 시판제품★
카레가루는 이 제품을 사용했어요.

1. 쇠고기, 양파, 당근, 감자, 애호박은 잘게 깍둑 썰고,

2. 팬에 버터 1큰술와 식용유 1큰술를 넣고 쇠고기를 볶아 반쯤 익으면 양파, 당근, 감자, 애호박을 넣어 볶고,
TIP 버터와 카레의 향이 잘 어울리지만 없으면 식용유로만 볶아도 돼요.

3. 밥과 카레가루★를 넣고 고루 볶은 뒤 모자란 간은 소금으로 맞춰 마무리.
TIP 카레에 간이 되어 있으니 맛을 보며 간을 하세요.

5분 버는 스마트 요리법

남은 카레가루로는 카레라이스를 만들어 보아요. 시판 카레가루 1봉지 기준에 위의 재료 3배 정도 준비하면 돼요.

1. 모든 재료를 잘게 깍둑 썰고, 냄비에 버터와 식용유를 둘러 재료를 넣어 볶고,
2. 냄비에 자작하게 물 2컵을 넣고 끓이다 감자가 익으면 카레가루를 잘 풀어 약한 불에서에서 5분 정도 끓여 마무리.

TIP 재료를 모두 잘게 썰어 금방 익어요.

짜장가루로 고소하게
짜장볶음밥

카레볶음밥과 같은 이유로 짜장볶음밥도 하게 되었어요.
단지 다른 점이 있다면 버터 대신 식용유만 사용하고,
느끼한 맛을 잡아주기 위해 다진 마늘, 다진 파를 넣었어요.

MONDAY | TUESDAY | WEDNESDAY | THURSDAY | FRIDAY | SATURDAY | SUNDAY

필수 재료
양파 1개, 다진 돼지고기 100g,
밥 3공기, 짜장가루 2큰술

선택 재료
오징어 ½마리, 당근 ⅓개, 애호박 ⅓개,
캔옥수수 30g, 다진 파 1큰술,
다진 마늘 0.5큰술

양념
소금 약간

1. 양파, 오징어, 당근, 애호박은 잘게 깍둑 썰고, 옥수수는 체에 밭쳐 물기를 빼고,

2. 달군 팬에 식용유 2큰술를 두르고 약한 불로 다진 파와 다진 마늘을 볶아 향을 내고,

3. 다진 돼지고기를 넣고 볶다가 반쯤 익으면 오징어와 양파를 넣어 볶고,

4. 당근과 애호박을 넣고 볶다가 밥과 옥수수를 넣어 잘 섞고,

5. 짜장가루를 넣고 섞어가며 고슬고슬하게 볶고 소금 약간으로 간을 맞춰 마무리.

5분 버는 스마트 요리법

같은 재료로 짜장덮밥도 만들어요. 시판 짜장가루 1봉지 기준에 위의 재료 2배 정도 준비하면 돼요.

① 모든 재료를 잘게 깍둑 썰고, 냄비에 식용유를 두르고 다진 파와 다진 마늘을 넣고 볶아 향을 내다가 나머지 재료를 넣고 볶고,

② 냄비에 자작하게 물 2컵을 넣고 끓이다 재료가 익으면 짜장가루를 잘 풀어 약한 불에서 5분 정도 끓여 마무리.

TIP 재료를 모두 잘게 썰었으니 금방 익어요.

찬밥으로 별미 한 그릇
치킨도리아

볶음밥에 베샤멜소스와 치즈를 올려 오븐 없이 전자레인지에 치즈만 녹여 간단히 만들 수 있어요.
베샤멜소스가 번거롭다면 시판 크림파스타소스나 크림수프로 더욱 손쉽게 만들어 보세요.

| MONDAY | TUESDAY | WEDNESDAY | THURSDAY | FRIDAY | SATURDAY | SUNDAY |

필수 재료
닭안심 6장, 피자치즈 1컵, 밥 2½공기

선택 재료
새우 중하 10마리, 양파 1개,
양송이버섯 4개, 파슬리가루 1큰술

양념
버터 2큰술, 다진 마늘 0.5큰술,
화이트와인 2큰술, 소금 1작은술,
후춧가루 약간

베샤멜소스
버터 1.5큰술, 밀가루 3큰술,
우유 1½컵, 소금 0.5작은술,
후춧가루 약간

간편하게 시판제품*
베샤멜소스는 만들지 않고
이 제품을 대신 사용해도 좋아요.

1

달군 팬에 버터를 넣고 녹으면
밀가루를 넣어 볶다가 따뜻한 우유,
소금, 후춧가루를 넣고 거품기로
저어가며 끓여 **베샤멜소스***를 만들고,
TIP 우유를 따뜻하게 준비해 넣으면
멍울지지 않고 쉽게 풀려요.

2

닭안심, 껍질 깐 새우, 양파,
양송이버섯은 한 입 크기로 썰고,

3

달군 팬에 버터, 식용유 1큰술를
두르고 다진 마늘을 볶다가 양파 →
닭안심 → 새우 → 양송이버섯
순으로 볶고,

4

화이트와인을 뿌려 잡냄새를 없애고
밥을 넣어 볶다가 소금, 후춧가루로
간하고,

5

내열용기에 베샤멜소스 → 볶음밥
→ 베샤멜소스 → 피자치즈 순으로
넣고,

6

전자레인지에서 5분 정도 돌려
치즈를 녹인 뒤 파슬리가루를 뿌려
마무리.

달걀 섬의 비밀
오므라이스

볶음밥과는 달리 달걀을 덮어 놓은 형태라
속에 다양한 재료를 감출 수 있어요.
오므라이스 위에 소스를 뿌리니 볶음밥보다는
싱겁게 볶아야 간이 맞아요.

| MONDAY | TUESDAY | WEDNESDAY | THURSDAY | FRIDAY | SATURDAY | SUNDAY |

필수 재료
양파 1½개, 햄 100g, 달걀 4개, 밥 3공기

선택 재료
양송이버섯 3개, 당근 ¼개,
피망 녹색, 붉은색 ¼개씩

양념
버터 1큰술, 소금 약간, 후춧가루 약간,
케첩 1큰술, 돈가스소스 1큰술

소스 재료
설탕 1작은술+레드와인 2큰술+
물 50㎖+버터 1큰술+케첩 3큰술+
돈가스소스 4큰술

1 양송이버섯은 납작하게 썰고, 양파 ½개는 얇게 채 썰고, 햄, 당근, 피망, 나머지 양파 1개는 굵게 다지고,

2 팬에 버터 1큰술를 녹이고 채 썬 양파와 버섯을 볶다가 **소스 재료**를 넣고 바글바글 끓여 소스를 만들고,

3 팬에 버터 1큰술를 넣고 다진 햄, 양파, 당근, 피망을 볶다가 소금, 후춧가루로 간하고 밥을 넣어 볶은 뒤 케첩 1큰술과 돈가스소스 1큰술를 넣고 재빠르게 섞고,

4 달걀은 1개씩 소금 약간을 넣어 풀고,

5 팬에 식용유 0.5큰술를 살짝 둘러 키친타월로 닦고, 달걀을 얇게 펼쳐 반쯤 익으면 가운데 볶음밥을 올려 잘 감싸 그릇에 뒤집어 담고 소스를 뿌려 마무리.

시판 토마토소스로 만든
토마토소스리소토

시판 토마토소스로 손쉽게 만드는 토마토소스리소토예요.
신선한 해산물도 듬뿍 넣어 씹는 식감도 좋고, 토마토소스의 새콤함이 잘 어우러져요.
여기에 피자치즈를 추가하면 아이들이 더욱 좋아해요.

MONDAY TUESDAY WEDNESDAY THURSDAY FRIDAY SATURDAY SUNDAY

필수 재료
마늘 3톨, 양파 ½개,
오징어몸통 1마리, 칵테일새우 10마리,
바지락 20개, 불린 쌀 1컵,
시판 토마토소스 1컵

선택 재료
버터 4큰술, 화이트와인 ½컵

양념
소금 약간, 후춧가루 약간,
파슬리가루 약간

1
마늘, 양파는 잘게 다지고, 오징어는
칵테일새우와 비슷한 크기로
썰고, 바지락은 물에 담가 해감하고,

2
팬에 버터 2큰술와 올리브유 2큰술를
넣고 다진 마늘과 다진 양파를
볶다가 30분간 불린 쌀을 넣어 볶고,

3
물 1컵을 넣고 저어가며 익히다가
물 1컵을 더 넣어 쌀이 반쯤 익으면
토마토소스를 넣고,
TIP 쌀이 익는 정도를 봐서 물을 더 가감하세요.

4
다른 팬에 버터 2큰술와 다진 마늘,
다진 양파를 넣어 볶다가 해산물과
화이트와인을 넣고 뚜껑을 닫아
2~3분 익히고,
TIP 가염버터를 쓰면 너무 짜질 수 있으니
꼭 무염버터를 쓰세요.

5
끓인 쌀을 넣고 저어가며 졸인 뒤
소금, 후춧가루로 간을 하고
파슬리가루를 뿌려 마무리.

5분 버는 스마트 요리법

밥 대신 스파게티를 삶아 넣으면 토마토해산물스파게티가 돼요.

① 스파게티 3인분은 알덴테 약간 덜익힌 상태로 삶아 올리브유에 버무려 놓고,
② 달군 팬에 버터, 다진 마늘, 다진 양파를 넣고 볶다가 해산물을 넣고 화이트와인
½컵을 넣은 뒤 뚜껑을 닫아 센 불에 2~3분 익히고,
③ 홍합이 입을 벌리면 토마토소스 1컵를 넣고 끓으면 삶은 스파게티를 넣고 버무려
마무리.

PLUS RECIPE

기본 볶음밥 & 간단 국 3종

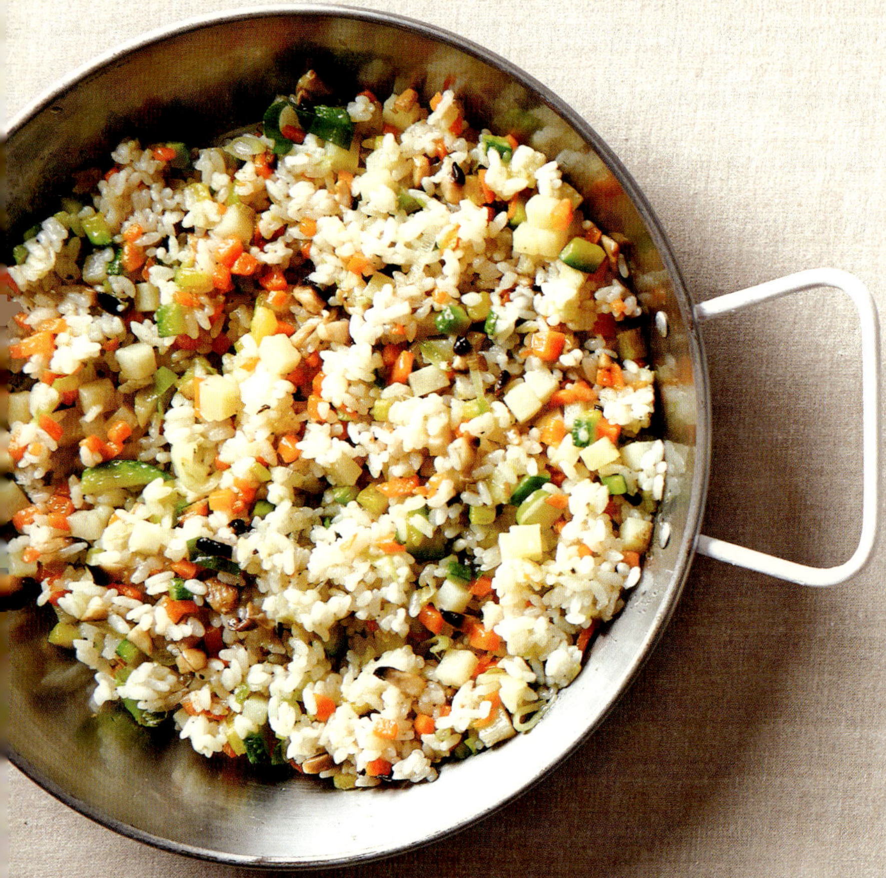

꺼내 먹기 간편한 기본 볶음밥 만들기

1. 자투리 채소를 잘게 썰고,
2. 식용유를 넉넉하게 둘러 자투리 채소를 볶다가 밥을 넣고 빠르게 볶고,
3. 접시에 펼쳐 식힌 뒤 지퍼백에 먹을 만큼 넣어 냉동 보관하고,
4. 나중에 꺼내 먹을 땐 고기, 햄, 달걀 등을 추가해 볶아 마무리.

TIP

- 자투리 채소 중에서도 얼리는 용 볶음밥으로 좋은 채소는 감자, 당근, 피망, 애호박 등이에요.
- 채소가 별로 없으면 단무지나 무장아찌를 다져 넣으면 오독오독 씹히는 식감이 좋은 볶음밥이 돼요.
- 접시에 펼쳐 식히는 이유는 뜨거운채로 놔두면 채소에서 물이 생길 수 있어서예요.
- 식용유를 넉넉히 둘러 볶고 얼려야 다시 꺼내 볶을 때 고슬고슬 잘 풀어져요.

볶음밥과 어울리는 간단 국 3종

볶음밥에는 잘 익은 김치 혹은 장아찌와 맑은 국 한 그릇 있으면 저절로 한상차림이 되죠. 주말에 육수만 넉넉히 만들어 두면 쉽게 끓일 수 있으면서 볶음밥에 곁들였을 때 더욱 맛있어지는 담백한 국 3가지예요.

바지락콩나물국

콩나물국의 깊은 맛을 내기 어렵다면 바지락이나 모시조개 등을 이용하세요. 조개의 달큰한 맛이 콩나물의 시원한 맛과 어우러져 깊은 맛을 냅답니다!

재료 콩나물 200g, 바지락 1봉, 붉은고추 1개, 쪽파 2대, 다시마육수 5컵(만드는 법 82p), 다진 마늘 0.5큰술, 천일염 1큰술

① 콩나물은 씻고, 바지락은 해감하고 붉은고추와 쪽파는 송송 썰고,
② 냄비에 다시마육수를 넣고 끓으면 콩나물을 넣고,
③ 콩나물이 익으면 바지락을 넣고 바지락이 입을 열면 다진 마늘과 천일염을 넣고,
④ 붉은고추를 넣고 한 번 끓인 뒤 그릇에 담고 쪽파를 올려 마무리.

달걀국

멸치다시마육수만 있으면 10분 안에 완성되는 달걀국이야말로 게으르고 싶은 당신에게 꼭 추천하는 국이랍니다. 여기에 팽이버섯이나 순두부를 추가하면 더 맛있어요.

재료 달걀 3개, 쪽파 2대, 멸치다시마육수 5컵(만드는 법 82p), 참치액 1작은술, 소금 1작은술, 후춧가루 약간

① 달걀은 풀고, 쪽파는 송송 썰고,
② 냄비에 멸치다시마육수를 넣고 끓으면 참치액과 소금으로 간하고,
③ 달걀을 넣고 끓어오르면 그릇에 담고 쪽파와 후춧가루를 뿌려 마무리.

어묵국

국물요리 하면 빼놓을 수 없는 어묵국은 어떤 볶음밥에도 잘 어울리는 팔방미인이죠. 어묵 건져 먹는 재미 때문에 밥을 먹기도 전에 배가 부를 수 있어요.

재료 어묵 250g, 무 150g, 쪽파 2대, 멸치다시마육수 7컵(만드는 법 82p), 마른 고추 1개, 간장 2작은술, 국간장 1작은술, 참치액 1큰술, 천일염 약간, 후춧가루 약간

① 어묵은 한입 크기로 썰고, 무는 나박 썰고, 쪽파는 송송 썰고,
② 냄비에 멸치다시마육수, 마른 고추, 무를 넣어 끓이고,
③ 무가 반쯤 익을 때 어묵을 넣고 간장, 국간장, 참치액을 넣고 모자라는 간은 천일염으로 맞추고,
④ 그릇에 담고 쪽파와 후춧가루를 뿌려 마무리.

TUESDAY

PART 3
화요일엔
속편한 죽

게살미역죽, 60p

*모든 요리는 4인분 기준입니다.

영양과 맛이 배가되는
된장아욱죽

영양이 풍부한 아욱은 특히 새우와 함께 요리하면 영양과 맛이 배가돼요. 아욱이 좀 억세면 빨래하듯 바락바락 씻어 풋내를 제거하는 것이 맛의 포인트예요.

| MONDAY | **TUESDAY** | WEDNESDAY | THURSDAY | FRIDAY | SATURDAY | SUNDAY |

필수 재료
쌀 1컵, 아욱 200g, 된장 2큰술

선택 재료
보리새우 ½컵, 다시마육수 7컵(만드는 법 82p)

양념
참기름 1큰술

1  쌀은 깨끗이 씻어 물에 30분간 이상 불려 체에 밭치고,

2  아욱은 억센 줄기를 잘라내고 줄기의 껍질을 벗긴 뒤 바락바락 주물러 씻어 풋내를 제거하고 여러 번 헹궈 한입 크기로 자르고,

3  보리새우는 물 1컵과 함께 믹서에 갈고,

4  냄비에 참기름을 두르고 불린 쌀을 넣고 볶다가 새우 간 것과 다시마육수를 넣고 끓여 쌀이 퍼지면 아욱을 넣고 된장을 풀어 한 번 더 끓여 마무리.

TIP 된장은 미리 육수에 풀어 놓으세요.

5분 버는 스마트 요리법

아욱국에 밥을 넣고 끓여 간단하게 만들어도 좋아요. 이때 새우가루를 한 수저 더 첨가하면 한결 고소한 죽이 완성돼요. 밥이 빨리 퍼지도록 살짝 갈아 주면 좋아요.

❶ 믹서에 밥과 찹쌀가루 1큰술, 물 1컵을 넣어 살짝 갈고,
❷ 냄비에 된장아욱국을 끓이고,
❸ 갈아 놓은 밥과 새우가루를 넣고 밥이 퍼지도록 끓여 마무리.

통조림으로 만드는 별미
참치채소죽

채소만 넣고 끓여도 맛있는 죽이 되지만 마지막에 통조림 참치를 넣으면
고소한 맛에 감칠맛까지 더해져 누구나 좋아하는 별미죽이 되죠.
비린 맛이 나지 않도록 통조림의 국물은 말끔히 따라내고 참치살만 마지막에 넣어 살짝만 끓여요.

| MONDAY | **TUESDAY** | WEDNESDAY | THURSDAY | FRIDAY | SATURDAY | SUNDAY |

필수 재료
통조림 참치 1캔, 밥 2공기

선택 재료
애호박 ¼개, 당근 ¼개, 양파 ¼개,
표고버섯 1개, 김가루 ½컵, 깨소금 2큰술

양념
참기름 1큰술, 소금 0.5큰술

1

애호박, 당근, 양파, 표고버섯은 모두 다지고, 참치는 체에 밭쳐 기름을 빼고,

2

팬에 참기름 0.5큰술을 둘러 채소가 투명해지도록 중간 불에서 볶고,

3

밥과 참기름 0.5큰술을 넣어 볶고,

4

물 ½컵을 넣고 밥이 퍼지면 다시 물 3컵을 3~4번에 나눠 넣어가며 끓이고,

5

참치를 넣고 저은 뒤 소금으로 간을 맞추고, 그릇에 담고 김가루와 깨소금을 올려 마무리.
TIP 참치는 나중에 넣어야 많이 부스러지지 않아요.

달걀만으로도 맛있는
찬밥달걀죽

별다른 재료 없이 달걀만으로도 영양만점의 죽을 끓일 수 있어요.
자칫 밋밋할 수 있는 맛은 멸치다시마육수로 보완하고
김가루를 듬뿍 넣어 고소한 맛을 더해 주세요.

| MONDAY | **TUESDAY** | WEDNESDAY | THURSDAY | FRIDAY | SATURDAY | SUNDAY |

필수 재료
달걀 3개, 밥 2컵

선택 재료
멸치다시마육수 3컵(만드는 법 82p),
김가루 ½컵

양념
참기름 2큰술, 소금 1작은술

1

볼에 달걀을 풀고,

2

냄비에 참기름을 두르고
밥을 볶고,

3

멸치다시마육수 1컵를
넣어 끓이고, 밥이 퍼지면
멸치다시마육수 2컵를
3번에 나눠 넣어 끓이고,

4

밥이 다 퍼지면 불을
줄이고 달걀물을 흘려
넣어 섞은 뒤 소금으로
간하고 그릇에 담고
김가루를 올려 마무리.

겨울철 별미

김치콩나물죽

멸치다시마육수에 콩나물과 김치를 넣고 끓인 김칫국에
밥을 넣고 푹 끓인 죽이죠.
투박한 듯하지만 잘 익은 김치와 육수만 준비되면
쉽게 깊은 맛을 낼 수 있어 추운 겨울 종종 끓이게 돼요.

MONDAY **TUESDAY** **WEDNESDAY** **THURSDAY** **FRIDAY** **SATURDAY** **SUNDAY**

필수 재료
김치 ⅛포기, 콩나물 100g, 밥 2공기

선택 재료
멸치다시마육수 5컵(만드는 법 82p),
장조림 100g

양념
새우젓 1작은술

1

김치는 소를 털어내 송송 썰고,

2

냄비에 멸치다시마육수를 넣고
끓으면 김치를 넣어 10분간 끓이고,

3

콩나물을 넣어 5분간 끓이고,
TIP 비린 맛이 나지 않도록 뚜껑을 열고
끓여요.

4

밥을 넣고 팔팔 끓으면 불을 줄이고
밥알이 퍼지면 새우젓을 넣어 간을
맞추고,
TIP 새우젓은 면포나 체에 올려 꼭 짜서
국물만 넣어야 깔끔해요.

5

그릇에 담고 장조림을 올려 마무리.

5분 버는 스마트 요리법

잘 익은 김장김치로 끓인 김칫국에 밥을 갈아 끓여 주세요. 콩나물 대신 황태나 굴을
넣은 김칫국은 물을 조금 더 보충해 끓여요.

❶ 믹서에 밥과 찹쌀가루 1큰술, 물 1컵을 넣어 살짝 갈고,
❷ 김치콩나물국을 끓이고,
❸ 갈아 놓은 밥을 넣고 밥이 퍼지도록 끓인 뒤 장조림을 얹어 마무리.

어떤 게살이라도 좋아요
게살미역죽

여기에서는 간편하게 냉동게살을 이용했지만, 꽃게가 많이 나오는 철에는 꽃게를 끓여 국물은 육수로 이용하고 게살을 발라 넣으면 더 맛있어요. 냉동게살도 없을 때는 크래미 같은 대체식품을 사용해도 돼요. 다만 냉동게살이나 크래미는 미리 맛술이나 청주를 약간 뿌려 비린내를 제거해 주세요.

MONDAY **TUESDAY** WEDNESDAY THURSDAY FRIDAY SATURDAY SUNDAY

필수 재료
쌀 1컵, 불린 미역 ½컵, 냉동게살 300g

양념
맛술 2큰술, 참기름 2큰술, 소금 약간

1

쌀은 깨끗이 씻어 물에 30분간 불려 체에 밭치고, 불린 미역은 꼭 짜서 먹기 좋은 크기로 썰고,

2

냉동게살은 체에 밭치고 맛술을 뿌려 해동하고,

3

냄비에 참기름 1큰술을 두르고 쌀과 미역을 넣어 볶고,

4

쌀이 투명해지면 물 1컵을 넣고 쌀알이 퍼지면 다시 물 2컵과 게살을 넣어 쌀이 물을 흡수하면 나머지 물 4컵을 넣어 끓이고, 쌀이 모두 퍼지면 소금으로 간을 맞추고 참기름 1큰술을 둘러 마무리.
TIP 먹기 직전에 참기름을 조금 넣어 주세요.

5분 버는 스마트 요리법

남은 참치미역국으로 간단하게 죽을 만들어 보세요. 냉동게살 대신 게맛살을 넣어도 좋아요.

① 냄비에 물 1컵과 밥 1공기을 넣고 밥이 퍼지도록 끓이고,
② 게맛살은 손으로 잘게 뜯어 준비하고, 맛술 2큰술을 골고루 뿌려놓고,
③ 밥에 남은 참치미역국을 넣어 끓이고,
④ 게맛살을 넣고 끓이다가 깨소금을 넣어 마무리.

속 풀기 좋은 해장죽
황태죽

애주가 남편을 둔 주부라면 황태는 늘 구비해 두죠?
황태는 간을 보호해 주는 성분이 있어 숙취 해소와
간장 해독, 노폐물 제거에 탁월해요.
또 단백질이 풍부하고 지방이 적어
아이들 아침 식사로도 부담이 없네요.

MONDAY **TUESDAY** WEDNESDAY THURSDAY FRIDAY SATURDAY SUNDAY

필수 재료
쌀 1컵, 찹쌀 ½컵, 황태포 2컵, 달걀 1개

선택 재료
송송 썬 쪽파 1대,
다시마육수 7컵(만드는 법 82p)

황태밑간
국간장 0.5큰술, 다진 마늘 1작은술,
참기름 1큰술

양념
참기름 2큰술, 새우젓 1큰술, 소금 약간

1

쌀과 찹쌀은 깨끗이 씻어 물에 30분간 불려 체에 밭치고,

2

황태포는 흐르는 물에 살짝 씻어 꼭 짠 뒤에 가시를 발라 **황태밑간**에 무치고,
TIP 물에 담가두면 맛이 빠져나가요.

3

달군 팬에 참기름 2큰술을 두르고 밑간한 황태포를 볶다가 불린 쌀을 넣어 중간 불에서 쌀알이 투명해지도록 볶고,

4

다시마육수 2컵를 붓고 쌀알이 퍼지면 다시마육수 4컵를 1컵씩 부어가며 끓이고, 마지막 다시마육수 1컵에 새우젓 1큰술을 국물만 체에 내려 섞은 뒤 죽에 넣고 모자라는 간은 소금으로 맞추고,

5

달걀을 풀어 넣고 1분 후에 살살 저어 섞은 뒤 그릇에 담아 송송 썬 쪽파를 올려 마무리.
TIP 달걀물을 붓고 바로 저으면 비린내가 날 수 있어요.

5분 버는 스마트 요리법

먹고 남은 황태국으로 간편하게 죽 한 그릇을 만들어 보세요.
1. 믹서에 밥과 찹쌀가루 1큰술, 물 1컵을 넣어 살짝 갈고,
2. 황태국을 끓이고,
3. 갈아 놓은 밥을 넣고 퍼지도록 끓이다 참기름을 살짝 두르고 송송 썬 쪽파를 올려 마무리.

서해안의 별미
바지락죽

초봄이면 바지락에 살이 통통 올라 칼국수나 비빔밥은
물론 죽을 끓여도 쫄깃한 감칠맛이 최고랍니다.
죽을 쑬 때는 바지락 삶은 육수를 사용해야
특유의 감칠맛을 담은 바지락죽을 만들 수 있어요.

| MONDAY | **TUESDAY** | WEDNESDAY | THURSDAY | FRIDAY | SATURDAY | SUNDAY |

필수 재료
바지락 400g, 쌀 1½컵, 부추 50g,
당근 ⅓개

양념
참기름 1.5큰술, 소금 약간, 깨소금 1큰술,
김가루 4큰술

육수 재료
양파 ½개, 대파 1대,
다시마육수 5컵(만드는 법 82p)

1

바지락은 해감한 뒤 깨끗이 씻고,
쌀은 깨끗이 씻어 물에 30분간 불려
체에 밭치고,

2

냄비에 바지락과 **육수 재료**를 넣고
끓이다 바지락이 익으면 살을 발라
내고, 육수는 체에 걸러두고,

3

부추와 당근은 잘게 썰고,

4

불린 쌀은 믹서에 살짝 갈아 냄비에
참기름을 둘러 볶고, 육수를 1컵씩
부어가며 끓여 쌀이 반쯤 퍼지면
당근을 넣어 끓이고,
TIP 채소를 많이 넣으면 바지락 특유의
맛이 사라져요.

5

쌀이 완전히 퍼지면 부추와 조갯살을
넣고 한 번 더 끓이다 소금으로 간을
맞춘 뒤 그릇에 담고 깨소금과
김가루를 얹어 마무리.

맛 좋고 색도 고운
새우애호박죽

애호박과 새우는 체내에서 영양분의 흡수를
서로 도와주는 찰떡궁합 식재료예요.
특히 여름철에는 애호박이 저렴하고
단물이 한껏 올라 더욱 맛있게 즐길 수 있어요.

MONDAY **TUESDAY** WEDNESDAY THURSDAY FRIDAY SATURDAY SUNDAY

필수 재료
찹쌀 1컵, 새우 중하 100g, 애호박 1개

선택 재료
양송이버섯 50g,
멸치다시마육수 6컵(만드는 법 82p)

양념
참기름 2큰술, 국간장 2작은술,
소금 약간

1

찹쌀은 씻어 30분간 불려 체에 밭치고,
TIP 찹쌀의 쓴맛이 싫다면 멥쌀로 만들어도 좋아요.

2

새우는 굵게 다지고, 양송이버섯은 작게 썰고, 애호박 ½개는 가운데 씨부분을 빼고 잘게 깍둑 썰고, 나머지 애호박 ½개는 가운데 씨를 빼고 굵게 썰어 육수 1컵와 함께 믹서에 곱게 갈고,

3

팬에 참기름 1큰술을 두르고 양송이버섯과 애호박을 넣고 볶아 덜어 놓고,

4

냄비에 참기름 1큰술을 두르고 찹쌀을 투명해질 때까지 볶다가 멸치다시마육수 6컵를 1컵씩 부으며 저어 끓이다 찹쌀이 퍼지면 간 호박, 새우, 국간장을 넣고 저어가며 끓이고,

5

볶은 양송이버섯과 애호박을 넣어 끓이고 소금 약간으로 간을 맞춰 마무리.

부드럽게 넘어가는 바다 내음
매생이바지락죽

겨울 제철 식재료인 매생이로 바다의 영양을
가득 담은 매생이죽을 끓였어요.
식감도 독특하고 특유의 바다 내음이
참 좋은 영양만점 한 그릇이랍니다.

MONDAY **TUESDAY** WEDNESDAY THURSDAY FRIDAY SATURDAY SUNDAY

필수 재료
매생이 1덩어리, 바지락 1봉지, 밥 1½공기

선택 재료
바지락육수 6컵

양념
참기름 1큰술, 소금 1작은술,
국간장 1작은술

1

매생이는 체에 밭쳐 흐르는 물에 씻어 3~4번 자르고,
TIP 살살 흔들며 이물질을 제거하면서 씻어요.

2

바지락은 소금물에 해감하고,

3

해감한 바지락은 냄비에 넣고 삶아 살은 발라내고 육수는 덜어 놓고,
TIP 바지락 대신 굴을 넣어도 맛있는데, 이때 육수는 다시마육수를 사용해요.

4

냄비에 참기름 1큰술을 두르고 밥을 넣어 볶다가 바지락육수 3컵를 넣어 끓이고,

5

밥이 퍼지면 나머지 바지락육수 3컵를 넣고 끓이다가 매생이, 조갯살을 넣고 끓으면 소금과 국간장으로 간해 마무리.

여름철 보양식으로 최고
들깨닭죽

닭다리는 익은 후에 살을 발라내기 쉽고 국물이 잘 우러나서 죽을 끓일 때 편해요.
찹쌀로 죽을 쑤고 들깻가루를 듬뿍 넣으면 구수하고 영양 많은 죽이 되죠.
채소를 다져 넣어도 좋고 찹쌀에 녹두를 불려 함께 끓여도 맛있어요.

MONDAY | **TUESDAY** | WEDNESDAY | THURSDAY | FRIDAY | SATURDAY | SUNDAY

필수 재료
찹쌀 1컵, 부추 약간

육수 재료
삼계탕용 약재 1팩, 닭다리 6개

양념
들깻가루 ¼컵, 소금 약간

1

찹쌀은 깨끗이 씻어 물에 30분간 불려 체에 밭치고,

2

닭다리는 씻어 물 6컵과 삼계탕용 약재를 넣고 1시간 정도 끓이고,
TIP 압력솥에 익히면 시간을 반으로 줄일 수 있어요. 여러가지 재료가 골고루 들어 있는 시판용 약재를 사용하면 편리해요. 대형마트에서 구입할 수 있어요.

3

닭다리는 건져 살을 발라내고, 육수는 체로 거르고,

4

냄비에 불린 찹쌀과 닭육수 5컵를 넣어 쌀이 퍼질 때까지 끓이고,

5

들깻가루를 넣어 잘 섞고,

6

소금을 넣어 간을 맞춘 뒤 닭다리살을 넣고 한 번 더 끓여 그릇에 담고 부추를 송송 썰어 올려 마무리.

자극적이지 않고 담백한
소고기버섯죽

가장 만만하게 끓이는 소고기죽에 단백질이 풍부하고 감칠맛이 좋은 버섯을 넣었어요. 다진 소고기는 핏물을 충분히 빼고 냄비에서 충분히 익을 정도로 볶아서 죽을 끓여야 누린내가 안 나요.

| MONDAY | **TUESDAY** | WEDNESDAY | THURSDAY | FRIDAY | SATURDAY | SUNDAY |

필수 재료
쌀 1컵, 말린 표고버섯 3개,
다진 쇠고기 100g

양념
깨소금 1작은술

쇠고기 밑간
설탕 약간, 국간장 1작은술, 청주 1작은술,
다진 마늘 0.5작은술, 참기름 0.5작은술,
후춧가루 약간

1

쌀은 깨끗이 씻어 30분간 불려 체에
밭치고,

2

표고버섯은 물에 불려 밑동을 자르고
꼭 짠 뒤 채 썰고,

3

다진 쇠고기는 키친타월로 핏물을
빼고 **쇠고기 밑간**에 버무려
10분 정도 재워 두고,

4

냄비에 밑간한 쇠고기를 넣고 볶다가
쌀을 넣어 달달 볶고 표고버섯을
넣고 한 번 더 볶은 뒤 물 1컵을 넣고
저어 주고,

5

쌀이 물을 먹으면 물 6컵을 1컵씩
부어가며 끓여 쌀이 완전히 퍼지면
그릇에 담아 깨소금을 올려 마무리.

아이들 입맛을 사로잡는
치즈감자죽

단백질과 칼슘이 풍부한 영양만점 치즈감자죽이에요.
고소한 치즈와 우유가 들어가 아이들이 더욱 좋아해요.
마치 수프처럼 죽을 뜨겁게 담아내 피자치즈를 올려
수저로 저어가며 녹여 먹는 재미도 좋아요.

| MONDAY | **TUESDAY** | WEDNESDAY | THURSDAY | FRIDAY | SATURDAY | SUNDAY |

필수 재료
감자 2개, 당근 ¼개, 우유 1컵,
슬라이스치즈 2장

선택 재료
찹쌀가루 3큰술, 파르메산치즈가루 1큰술,
피자치즈 ¼컵, 비스킷 4개

양념
소금 0.5작은술

1. 감자는 작게 깍둑 썰고, 당근은 곱게 다지고,

2. 냄비에 식용유 1큰술를 두르고 감자를 볶다가 반쯤 익으면 당근을 넣어 볶고,

3. 물 2컵을 붓고 감자가 익으면 우유를 넣고 약한 불로 줄여 끓이다가 찹쌀가루와 파르메산치즈가루를 넣고 거품기로 풀어가며 끓이고,

4. 슬라이스치즈를 넣고 녹인 뒤 소금으로 간을 맞추고,

5. 그릇에 담고 피자치즈를 올린 뒤 비스킷을 반으로 잘라 올려 마무리.

수프보다 더 달콤한
옥수수양파죽

한여름엔 삶은 옥수수를 알알이 떼어내서 만들고,
제철이 아닐 경우엔 간편하게 통조림 옥수수를 이용해
담백하면서도 달콤한 옥수수죽을 만들 수 있어요.
옥수수에는 식이섬유가 풍부해 변비 예방에도 좋아요.
양파를 넣으니 달콤한 맛이 좋아 아이들에게 인기가 많아요.

| MONDAY | TUESDAY | WEDNESDAY | THURSDAY | FRIDAY | SATURDAY | SUNDAY |

필수 재료
쌀 1컵, 통조림 옥수수 400g,
양파 1개

양념
치킨스톡 1작은술, 소금 1작은술

간편하게 시판제품★
통조림 옥수수는 이 제품을
사용했어요.

1

쌀은 30분간 불려 물 1½컵을 붓고
곱게 갈고,

2

통조림 옥수수★는 건져 물 1컵을
넣고 곱게 갈아 체에 거르고,

3

양파는 곱게 다지고,

4

냄비에 갈아 놓은 쌀과 다진 양파를
넣고 약한 불에서 끓이고,

5

끓어오르면 치킨스톡과 물 2컵을
조금씩 넣어가며 익히고, 간
옥수수를 넣고 한 번 더 끓이다
소금 1작은술으로 간을 맞춰 마무리.
TIP 죽이 너무 되직해지면 물을 조금씩
추가해 주세요.

부드럽고 고소한
연근크림죽

연근은 비타민 C, 철분과 타닌 성분이 많아 피로를 덜어 주고
코피가 나는 사람에게 특히 좋다고 해요.
연근크림죽은 수프 같기도 해서 어른과 아이에게 모두 인기가 많은 요리예요.

MONDAY **TUESDAY** WEDNESDAY THURSDAY FRIDAY SATURDAY SUNDAY

필수 재료
연근 100g, 무 20g, 밥 1공기, 우유 1컵

선택 재료
다시마육수 5컵(만드는 법 82p),
치킨스톡 1작은술,
덩어리 파르메산 치즈 30g

양념
식초 약간, 소금 1작은술

간편하게 시판제품
치킨스톡은 이 제품을 사용했어요.

1

냄비에 물을 넣고 팔팔 끓으면 식초를 약간 넣고 연근을 데치고,

2

무와 연근은 잘게 썰고,

3

연근과 다시마육수 1컵를 믹서에 넣어 갈고,

4

무, 다시마육수 5컵, 간 연근, 밥, 치킨스톡을 넣어 끓이고, 약한 불에서 우유를 넣어 농도를 맞추고 소금 1작은술으로 간을 맞춰 파르메산치즈를 갈아 뿌려 마무리.

TIP 파르메산, 고르곤졸라, 스위스치즈 등 취향에 맞는 치즈를 넣어요.

누룽지와 카레의 이색궁합
누룽지카레죽

누룽지에 카레라니? 어울릴 것 같지 않은 이 조합이 뜻밖의 맛을 선사한답니다. 바쁜 날을 위해 비상용으로 넉넉히 구입해둔 누룽지, 그저 물만 넣어 끓여 먹는 데 지쳤다면 이젠 카레에 넣어서 색다르게 즐겨 보세요.

MONDAY | **TUESDAY** | WEDNESDAY | THURSDAY | FRIDAY | SATURDAY | SUNDAY

필수 재료
카레가루 ¼컵, 누룽지 2컵

선택 재료
닭가슴살 1쪽, 감자 1개,
당근 ¼개, 애호박 ¼개

양념
참기름 1큰술

간편하게 시판제품 ★
카레가루는 이 제품을
사용했어요.

1
닭가슴살, 감자, 당근,
애호박은 곱게 다지고,

2
냄비에 참기름을 두르고
다진 닭가슴살과 채소를
볶고,

3
물 4컵을 넣고 끓으면
카레가루★를 넣어 풀고,
TIP 과립형은 그대로 넣어도
좋지만 아닐 경우
물 ½컵에 풀어서
넣으세요.

4
채소가 익을 무렵
누룽지를 넣고 누룽지가
퍼지도록 끓여 마무리.
TIP 간은 카레가루의 양을
조절해서 맞추세요.

5분 버는 스마트 요리법

넉넉히 끓인 카레가 남았다면 누룽지를 넣어 구수한 카레죽을 쉽게 만들 수 있어요.

❶ 카레에 다시마육수를 추가해 묽게 끓이고,
❷ 누룽지를 넣고 우스터소스 0.5작은술, 간장 1작은술을 넣고 중약 불로 누룽지가
   부드럽게 익을 만큼 끓여 마무리.

기본 육수 3종 & 장아찌 4종

죽을 더 맛있게 만드는 기본 육수 3종

요리책에 나오는 육수는 모두 생수로 대체해도 되지만 기본 다시마육수만 넣어도 훨씬 요리가 맛있어져요. 미리미리 육수를 내어 냉장고에 채워 두면 어떤 죽이라도 기본 맛은 책임질 수 있어요.

다시마육수

다시마는 감칠맛을 낼 뿐 아니라 콜레스테롤을 낮춰 주고 변비 예방에도 좋은 식재료예요.

필수 재료 다시마 10 X 10cm 2장, 물 5컵

① 냄비에 물과 다시마를 넣고 중약 불에서 물이 끓으면 불을 끄고 마무리.

TIP 너무 오래 끓이면 다시마에서 점액질 성분이 많이 나와 국물이 깔끔하지 못해요.

큰 다시마 잘 말린 다시마는 실온보관인데 쓰기 전에 겉 부분의 먼지를 젖은 면포로 닦아주고 10×10cm 로 잘라 냉동보관해주세요. 한번 젖은 면포로 닦았기 때문에 습기로 곰팡이가 생길 수 있어요. 젖은 면포로 닦지 않고 자르면 가루가 많이 나와 지저분해져요.

멸치다시마육수

멸치는 굵은 것이 국물용으로 적합해요. 전체적으로 반짝반짝 윤이 나며 은백색을 띠는 것이 좋고, 축축하지 않은 것을 선택해요. 머리와 내장을 제거한 뒤 마른 팬에서 살짝 볶거나 전자레인지에 30초 정도 돌려 수분을 날린 후 사용하면 비린내가 나지 않아요.

필수 재료 국물용 멸치 1컵, 다시마 10 X 10cm 3조각, 물 15컵

① 국물용 멸치는 머리와 내장을 떼고, 다시마는 겉면을 마른 행주로 가볍게 닦고.
② 냄비에 물, 멸치, 다시마를 넣어 중간 불로 끓이고.
③ 물이 끓기 시작하면 불을 줄이고 다시마는 건지고 20분 이상 더 끓인 뒤 멸치를 건지고.
④ 식힌 뒤 냉장 보관해 마무리.

그 외 만들어 놓으면 좋은 육수

채소육수

자투리 채소 혹은 음식에 쓰이지 않고 버려지는 채소 부위에 버섯을 더해 육수를 만들어요.

필수 재료 양파껍질, 대파뿌리, 대파 파란부분, 무, 표고버섯, 표고버섯 기둥, 양송이버섯 기둥, 당근, 마늘, 셀러리, 그 외 단단한 채소

① 채소를 적당하게 썰어 냄비에 넣고 물을 부어 중간 불에서 20분 정도 끓이고, 물은 자투리채소 재료의 5배 분량을 넣어줘요.
② 채소가 뭉그러지려 하면 걸러 식혀 마무리.

죽과 어울리는 장아찌 4종

다소마미네 김치냉장고 한 구석엔 늘 장아찌와 피클 등을 다양하게 준비해 둬요.
반찬 없는 날이나 일품 요리 만들 때 꺼내면 아주 요긴한 반찬이 되거든요.
오래 두고 먹어도 변함이 없는 즉석 장아찌들, 휴일에 한번 만들면 두고두고 편할 거예요.

모둠버섯장아찌

버섯은 팩으로 구입했다가 조금씩 남기 마련인데요. 절임장을 끓여 부어 두기만 해도 쫄깃하고 맛있는 장아찌 반찬이 돼요.

재료 미니새송이버섯 200g, 애느타리버섯 200g, 마늘 3톨
절임장 통후추 0.5작은술, 마른 고추 2개, 생강 ½톨, 설탕 ½컵, 간장 1컵, 식초 ½컵, 물 2컵

① 버섯은 씻어 체에 밭쳐 물기를 빼고, 마늘은 납작 썰고.
② 내열용기에 버섯과 납작 썬 마늘을 담고,
③ 냄비에 절임장을 넣고 바글바글 끓이고,
④ 절임장이 뜨거울 때 용기에 붓고 밀봉해 하루 동안 실온에서 숙성한 뒤 냉장 보관해 마무리.

오이간장장아찌

오이를 설탕에 절였다가 절임장을 부어서 훨씬 더 꼬들꼬들한 식감이 살아 있는 장아찌예요. 담백한 죽을 낼 때 곁들이면 다른 반찬이 필요 없죠.

재료 백오이 6개, 청양고추 3개, 간장 ⅔컵, 황설탕 1컵, 식초 ⅔컵

① 오이는 깨끗이 씻어 반 가른 뒤 숟가락으로 씨를 긁어내 도톰하게 어슷 썰고,
② 황설탕으로 버무려 반나절 재운 뒤 체에 밭치고,
③ 절인 오이와 어슷 썬 청양고추를 용기에 넣고,
④ 오이를 절인 설탕물약 1½컵에 간장, 식초를 섞어 바글바글 끓여 그대로 통에 부은 뒤 식으면 냉장 보관해 마무리.

양파장아찌

다디단 햇양파가 나오는 봄에 만들어 두면 일년을 두고 먹어도 좋아요. 작은 햇양파라면 칼집만 넣어 만들어도 좋고, 조금 큰 양파의 경우 먹기 좋은 크기로 썰어서 담그세요.

재료 양파 5개, 청양고추 4개
절임장 소금 ½큰술, 설탕 1컵, 간장 1.5컵, 식초 1컵, 물 2컵

① 양파는 껍질을 벗겨 도톰하게 썰고, 청양고추는 송송 썰고,
② 내열용기에 차곡차곡 담고,
③ 절임장을 팔팔 끓여 한 김 식힌 후 용기에 붓고 밀봉해 하루 정도 실온에 두었다가 냉장 보관해 마무리.

황태장아찌

황태를 손질하기 번거롭다면 황태포를 이용해 보세요. 황태장아찌는 하루이틀 후에 먹어도 좋지만 숙성될수록 깊은 맛을 내요. 양념장에 버무려 두었다가 먹기 전에 참기름, 통깨로 버무려 내세요.

재료 황태포 150g, 참기름 약간, 통깨 약간, 쪽파 약간
양념장 설탕 3큰술 + 국간장 1큰술 + 진간장 1큰술 + 까나리액젓 1작은술 + 참치액 1작은술 + 매실청 2큰술 + 고추장 1컵 + 올리고당 3큰술

① 황태포는 물에 한 번 헹궈 물기를 빼고,
② 양념장을 모두 섞고,
③ 황태포를 양념장에 버무려 밀폐용기에 담아 실온에서 1~2일 숙성한 뒤 냉장 보관하고,
④ 먹을 때 참기름, 통깨를 넣고 버무린 뒤 쪽파를 송송 썰어 올려 마무리.

WEDNESDAY

마파소스덮밥 114p

*모든 요리는 4인분 기준입니다.

치킨마요덮밥 100p

PART 4
수요일엔
따뜻한 덮밥

매콤 칼칼한 한 그릇
매콤김치참치덮밥

잘 익은 김치가 있다면 매운 통조림 참치와 함께
볶아 밥 위에 얹어 칼칼한 덮밥 한 그릇을 즐겨 보세요.
별다른 양념 없어도 통조림 속 양념이 맛을 내 줘요.

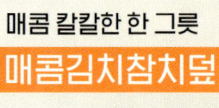

MONDAY　TUESDAY　**WEDNESDAY**　THURSDAY　FRIDAY　SATURDAY　SUNDAY

필수 재료
배추김치 2컵=500g,
매운 통조림 참치 2캔, 밥 4공기, 달걀 4개

선택 재료
양파 ½개, 미나리 4대

양념
고추기름 2큰술, 간장 1큰술,
설탕 약간, 후춧가루 약간, 들기름 1큰술,
검은깨 1작은술

간편하게 시판제품*
매운 통조림 참치는 이 제품을 사용했어요.

김치는 소를 털어내 송송 썰고, 양파는 채 썰고, 미나리는 송송 썰고, 매운 통조림 참치*는 국물과 함께 덜어두고,

달군 팬에 고추기름을 두르고 김치와 양파를 볶고,

매운 통조림 참치를 넣고 살짝 볶은 뒤 물 1½컵, 간장, 설탕, 후춧가루를 넣어 볶다가 들기름을 넣고 한 번 더 볶고,
TIP 일반 참치를 사용할 경우엔 고추장 1작은술을 넣어 주세요.

달걀을 프라이해 밥 위에 김치참치볶음과 함께 올리고 미나리와 검은깨를 뿌려 마무리.
TIP 미나리 대신 쪽파를 올려도 좋아요.

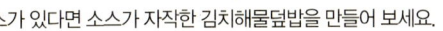
5분 버는 스마트 요리법

냉동 해물믹스가 있다면 소스가 자작한 김치해물덮밥을 만들어 보세요.
① 해물믹스를 찬물에 담가 해동하고,
② 김치는 소를 털어내 송송 썰고, 양파는 채 썰고, 미나리는 송송 썰고,
③ 달군 팬에 고추기름을 두르고 김치와 양파를 볶다가 멸치다시마육수를 넣어 끓이고,
④ 고추장 3큰술, 고춧가루 1큰술, 설탕 1작은술, 물엿 1작은술을 넣고 해동한 해물을 넣어 한 번 더 끓인 뒤 녹말물 물1:녹말가루1로 농도를 조절해 밥 위에 얹어 마무리.

고소함에 반하다
참치마요덮밥

참치와 마요네즈는 참 잘 어울리는 궁합이죠.
일본 드라마에 나오면서 인기를 얻은 참치마요덮밥은 고소한 김과
향긋한 깻잎을 곁들여 더욱 맛있게 즐길 수 있어요.
참치 대신 연어로 대신해도 좋아요.

MONDAY　TUESDAY　**WEDNESDAY**　THURSDAY　FRIDAY　SATURDAY　SUNDAY

필수 재료
달걀 4개, 통조림 참치 2캔, 깻잎 8장, 밥 4공기

선택 재료
양파 ½개, 채 썬 김 ½컵

참치양념
마요네즈 6큰술, 소금 0.2작은술, 백후춧가루 약간

마요네즈소스
마요네즈 4큰술+고추냉이 0.5작은술+미소된장 1작은술

1

달걀은 지단을 부쳐 식힌 뒤 채 썰고,

2

마요네즈소스를 만들고, 통조림 참치는 체에 밭치고,

3

양파는 곱게 다지고, 깻잎은 돌돌 말아 채 썰고,

4

국물 뺀 참치에 **참치양념**, 다진 양파를 넣고 버무려 참치샐러드를 만들고,
TIP 통조림 참치 속의 국물을 말끔하게 덜어내야 깔끔한 맛의 참치샐러드를 만들 수 있어요.

5

따뜻한 밥 위에 지단채 → 채 썬 김 → 참치샐러드 → 깻잎 순으로 올리고 마요네즈소스를 짤주머니에 담아 지그재그로 뿌려 마무리.

부드러운 맛의 비밀
일본식카레라이스

늘 같은 맛의 카레라이스 대신 플레인요구르트를 넣어 부드러움을 살린 일본식 카레라이스를 만들어 보세요. 반숙으로 익힌 노른자를 톡 터트려 비벼 먹으면 더욱 맛있답니다.

MONDAY | TUESDAY | **WEDNESDAY** | THURSDAY | FRIDAY | SATURDAY | SUNDAY

필수 재료
닭안심 4장, 고형카레 매운맛 1팩,
밥 4공기, 달걀 4개

선택 재료
감자 2개, 양파 1개, 당근 ½개,
버터 1큰술, 물엿 1큰술,
우유 1컵 1 3큰술,
플레인요구르트 1개=450g

  간편하게 시판제품 ★
고형카레는 이 제품을 사용했어요. 'S&B 고형카레'는 원하는 양만큼 한 개씩 뜯어서 사용할 수 있어 편리해요. 대형마트에서 구입할 수 있어요.

1

닭안심, 감자, 양파, 당근은 큼직하게 썰고,
TIP 닭고기 대신 쇠고기나 돼지고기, 감자 대신 고구마나 단호박을 이용해도 좋아요.

2

냄비에 식용유 1큰술, 버터를 두르고 닭고기를 볶다가 채소와 물엿을 넣고 닭고기 겉면의 색이 변할 때까지 볶고,
TIP 물엿을 넣으면 채소가 쉽게 타지 않아요.

3

채소가 살짝 익으면 물 ¼컵을 넣고 뚜껑을 닫아 감자가 익을 만큼 끓이고,

4

약한 불로 줄여 고형카레★를 넣어 풀고 우유를 섞은 뒤 플레인 요구르트를 넣어 카레를 완성하고,
TIP 불을 줄인 뒤 고형카레를 넣어야 뭉치지 않고 쉽게 풀어져요.

5

달걀을 반숙으로 프라이한 뒤 밥 위에 카레와 함께 올려 마무리.

카레와 토마토의 환상궁합
토마토카레덮밥

카레와 토마토의 기막힌 맛의 궁합을 아시나요?
신맛이 살짝 감도는 카레는 또 다른 맛으로 별미를 느끼게 해 준답니다.
밋밋한 카레에서 토마토를 퐁당 빠뜨린 토마토카레로 업그레이드해 보세요.

| MONDAY | TUESDAY | **WEDNESDAY** | THURSDAY | FRIDAY | SATURDAY | SUNDAY |

필수 재료

쇠고기 안심 300g, 토마토 2개,
고형카레 1팩, 밥 4공기

선택 재료

감자 1개, 당근 ½개, 양파 1½개,
버터 1큰술, 토마토페이스트 1큰술,
우유 3큰술

  간편하게 시판제품*
고형카레는 이 제품을
사용했어요.

1

핏물 뺀 쇠고기, 감자, 당근은 한입
크기로 썰고, 양파는 채 썰고.

2

토마토는 열십자로 칼집 낸 뒤 끓는
물에 데쳐 껍질을 벗겨 씨를 발라내
큼직하게 깍둑 썰고.

3

달군 냄비에 버터, 식용유 1큰술를
두르고 양파를 넣어 중간 불에서
갈색이 될 때까지 볶다가 쇠고기, 감자,
당근을 넣고 고기 겉면이 익으면
토마토페이스트를 넣어 신맛이 날아
가도록 볶고.

TIP 토마토페이스트는 신맛이 날아가도록
충분히 볶아주세요.

4

물 3½컵과 토마토를 넣고 뚜껑을
닫아 감자가 푹 익도록 끓인 뒤
고형카레*를 넣고 모두 풀리면
우유를 넣고 한 번 더 끓이고.

5

토마토카레를 따뜻한 밥에 곁들여
마무리.

여름제철 오징어로 이열치열
오징어덮밥

오징어는 제철인 여름이면 가격이 무척 저렴한데요.
매콤 칼칼한 양념장에 재운 오징어를 휘리릭 볶아 자작하게 나온
국물에 새하얀 밥을 비벼 먹으면 삼복더위도 금방 물러가요.
특히 오징어에는 타우린 성분이 들어 있어 여름철 피로회복제가 따로 없답니다.

MONDAY　TUESDAY　**WEDNESDAY**　THURSDAY　FRIDAY　SATURDAY　SUNDAY

필수 재료
오징어 3마리, 양파 1개, 당근 ½개, 밥 4공기

선택 재료
대파 10cm, 풋고추 2개, 깻잎 4장

양념
통깨 1큰술

양념장
설탕 1.5큰술+고춧가루 6큰술+
국간장 1큰술+진간장 2큰술+
다진 마늘 2큰술+고추장 6큰술+
올리고당 1큰술+참기름 1큰술+
후춧가루 약간

1

양념장은 모두 섞고, 오징어는 내장을 빼고 배를 갈라 껍질을 벗겨 안쪽에 칼집을 넣고 한입 크기로 썰어 양념장의 반을 넣어 재워 놓고,

2

양파는 굵게 채 썰고, 당근은 납작 썰고, 대파와 고추는 어슷 썰고, 깻잎은 반 갈라 굵게 채 썰고,

3

센 불로 달군 팬에 식용유 2큰술를 두르고 양파, 대파, 당근을 넣고 볶다가 남은 양념장을 넣고 30초 정도 볶고,

4

채소가 반 정도 익으면 양념장에 재운 오징어를 넣어 익을 때까지 볶다가 고추와 깻잎을 넣어 섞고,
TIP 오징어는 물이 많이 나오므로 센 불에 재빨리 볶아요.

5

뜨거운 밥 위에 오징어볶음을 얹고 통깨를 올려 마무리.
TIP 청양고추를 송송 썰어 올려도 좋아요.

5분 버는 스마트 요리법

집에 오징어볶음이 남았다면 삶은 콩나물을 같이 볶아 촉촉한 오징어덮밥을 즐길 수 있어요.

❶ 콩나물은 살짝 삶아 건지고,
❷ 냄비에 콩나물 삶은 물 1컵과 고추장 1큰술, 고춧가루 1큰술, 설탕 1작은술, 굴소스 1작은술를 넣고 바글바글 끓이고,
❸ 오징어볶음을 넣고 센 불에서 빠르게 볶아 밥 위에 얹어 마무리.

향이 나는 여름철 보양식
장어구이덮밥

각 나라마다 여름을 이기는 보양음식이 따로 있는데,
한국은 삼계탕, 일본은 단연 장어구이덮밥이에요.
기름진 장어와 달콤한 데리야키소스가
무척이나 잘 어울려요.
여기에 생강채를 곁들여 먹으면
입맛을 개운하게 해 줘요.

MONDAY　TUESDAY　**WEDNESDAY**　THURSDAY　FRIDAY　SATURDAY　SUNDAY

필수 재료
민물장어 4마리, 밥 4공기

선택 재료
생강 3톨, 깻잎 1장, 쪽파 3대

데리야키소스
마늘 2톨+마른 고추 1개+대파 10cm+
생강 2톨+설탕 2큰술+간장 1컵+
맛술 1컵+정종 ½컵+물엿 2큰술

간편하게 시판제품★
데리야키소스를 만들지 않고 이 제품을 대신 사용해도 좋아요

1

데리야키소스는 바닥이 두꺼운 냄비에 넣고 중약 불에서 반이 되게 졸여 건더기를 걸러내고,
TIP 물엿 대신 설탕을 더 넣어도 돼요. 시판용 데리야키소스★를 사용해도 좋아요.

2

손질된 장어는 한 김 식은 뜨거운 물에 넣고 휘저어 등이 불투명해지면 꺼내 등쪽 부분의 기름기를 칼로 싹싹 긁어내고,
TIP 하얀 기름 같은 것을 제거해야 좀 더 담백하게 먹을 수 있어요.

3

생강과 깻잎은 곱게 채 썰고, 쪽파는 송송 썰고,

4

손질한 장어는 팬에 등 쪽부터 초벌로 구운 뒤 앞뒤로 데리야키소스를 4~5회 발라가며 약한 불로 구워 먹기 좋은 크기로 자르고,
TIP 뒤집개로 누르면서 구우면 오그라들지 않아요.

5

뜨거운 밥에 데리야키소스 1큰술를 뿌리고 구운 장어, 깻잎, 생강채, 쪽파를 올려 마무리.

새콤달콤 옷을 입은 새우
달걀새우칠리덮밥

새우에 녹말가루와 식용유로 밑간해 식감을 부드럽게 만들었어요.
매콤하게 즐기려면 청양고추와 두반장, 달콤하게 즐기려면
풋고추와 스위트 칠리소스를 넣어 입맛 따라 즐겨 보세요.

MONDAY　TUESDAY　**WEDNESDAY**　THURSDAY　FRIDAY　SATURDAY　SUNDAY

필수 재료
새우 중하 300g, 달걀 4개

선택 재료
방울토마토 10개, 마늘 3톨, 생강 2톨,
청양고추 2개, 대파 1대, 흑초 1큰술,
참기름 1큰술, 녹말물 1큰술

양념
소금 약간, 후춧가루 약간

새우 밑간
소금 약간, 녹말가루 1큰술, 청주 1큰술,
식용유 1작은술, 후춧가루 약간

소스
뜨거운 물 1컵+설탕 1작은술+
치킨스톡 1작은술+두반장 1큰술+
케첩 5큰술+굴소스 1작은술

1

새우는 **새우 밑간**에 5분간 재운 뒤
달군 팬에 식용유 2큰술를 두르고
새우를 넣어 반쯤 익혀 꺼내고,
TIP 껍질을 깐 새우로 준비해요.

2

달걀은 풀어 소금 약간, 후춧가루 약간
를 넣고 달군 팬에 식용유 2큰술를
둘러 스크램블에그를 만들고,

3

방울토마토는 2등분하고, 마늘, 생강
은 납작 썰고, 청양고추, 대파는
어슷 썰고, **소스**는 모두 섞어 놓고,

4

달군 팬에 식용유 2큰술를 두르고
마늘, 생강, 고추, 대파를 넣고 볶아
향을 내고 방울토마토를 넣어 볶고,

5

소스를 넣고 바글바글 끓으면 새우와
스크램블에그를 넣고 흑초와 참기름,
녹말물(녹말1:물1)을 넣어 버무린 뒤
뜨거운 밥 위에 올려 마무리.

칼로리 따져서 무엇하나
치킨마요덮밥

쫄깃한 닭다리살과 달걀지단을 푸짐하게 올리고 마요네즈소스를 듬뿍 뿌린 치킨마요덮밥은 도시락집 인기메뉴기도 하죠. 오늘만큼은 칼로리는 잊고 치킨과 마요네즈 곁들인 고소한 덮밥을 즐겨 보세요.

| MONDAY | TUESDAY | **WEDNESDAY** | THURSDAY | FRIDAY | SATURDAY | SUNDAY |

필수 재료
닭다리살 600g, 달걀 5개, 밥 4공기

선택 재료
녹말가루 150㎖, 쪽파 3대, 마요네즈 약간, 시판 데리야키소스 8큰술, 조미김 20g

닭고기 밑간
간장 1큰술, 청주 2큰술, 생강즙 1작은술, 후춧가루 약간

달걀 밑간
설탕 1큰술, 청주 1작은술, 소금 0.5작은술

간편하게 시판제품★
데리야키소스는 이 제품을 사용했어요.

1
닭다리살은 한입 크기로 썰어 **닭고기 밑간**에 재운 뒤 달걀 1개, 녹말가루로 튀김옷을 입히고,

2
180℃로 달군 식용유에 튀기듯 익힌 뒤 체에 받쳐 기름을 빼고,
TIP 작은 팬에 식용유를 넣고 부치듯이 튀겨내세요. 튀김이 번거롭다면 간편하게 시판용 너켓으로 대신해도 좋아요.

3
달걀 4개에 **달걀 밑간**을 섞어 체에 내리고, 달군 팬에 식용유 약간를 둘러 달걀지단을 부쳐 얇게 채 썰고, 쪽파는 송송 썰고,
TIP 달걀지단이 어려울 땐 스크램블해서 올리면 조금 더 쉽게 만들 수 있어요.

4
따뜻한 밥 위에 채 썬 지단, 닭튀김을 올리고 마요네즈와 데리야키소스★를 번갈아 뿌린 뒤 조미김과 송송 썬 쪽파를 뿌려 마무리.
TIP 소스병이 없을 땐 아이들 물약병에 담거나 지퍼백 모서리에 가위집을 살짝 내 뿌려요.

5분 버는 스마트 요리법

먹다 남은 치킨은 물론, 냉동 치킨을 이용하면 과정이 훨씬 쉬워져요.

❶ 먹다 남은 치킨은 먹기 좋은 크기로 찢어 전자레인지로 데우고,
❷ 달걀은 풀어 스크램블하고,
❸ 밥 위에 스크램블에그와 치킨을 올린 뒤 마요네즈와 데리야키소스를 번갈아 뿌리고 조미김과 쪽파를 올려 마무리.

촉촉하게 즐기는
쇠고기덮밥(규동)

달큰하고 짭조름한 국물에 자작하게 조린 쇠고기와 부드러운
달걀노른자가 올라간 규동은 일본에서는 곳곳에 전문점이 있을 정도로
인기가 많아요. 노른자를 생으로 먹는 게 싫다면 마지막에
고기 위에 달걀을 풀고 뚜껑을 덮어 남은 열로 익혀 먹어도 돼요.

MONDAY TUESDAY **WEDNESDAY** THURSDAY FRIDAY SATURDAY SUNDAY

필수 재료
쇠고기 샤브샤브 또는 불고기용 400g,
양파 1개, 밥 4공기

선택 재료
쪽파 4대, 팽이버섯 작은 것 1봉지,
달걀노른자 4개

가쓰오부시육수
가쓰오부시 ½컵, 간장 3큰술,
맛술 2큰술, 청주 2큰술, 설탕 2큰술

1 쇠고기는 키친타월에 올려 핏물을 빼고,

2 쪽파는 송송 썰고, 팽이버섯은 밑둥을 떼고 3등분하고, 양파는 굵게 채 썰고,

3 팬에 물 2컵을 넣고 끓으면 가쓰오부시를 넣고 불을 끈 뒤 5분 뒤에 건져 내고 나머지 육수 재료를 넣어 끓이고,

4 채 썬 양파와 고기를 넣고 고기가 익을 때까지 저어가며 끓이다가 팽이버섯을 넣고 불을 끄고,
TIP 고기의 붉은색이 없어졌을 때 바로 불을 끄고 남은 열로 익혀 주면 부드러워요.

5 따뜻한 밥 위에 볶은 쇠고기를 얹고 달걀노른자와 쪽파를 올려 마무리.

5분 버는 스마트 요리법

양념에 재워 놓은 불고기가 있다면 바로 만들어요. 다만 우리나라 불고기는 갖은 양념으로 조금 텁텁한 맛이 있으므로 고기만 건져서 만들어야 좀 더 규동의 맛을 느낄 수 있어요.

❶ 팬에 물 1컵과 시판 국시장국 2큰술이나 우동장국, 청주 1큰술을 넣고 바글바글 끓이고,
❷ 채 썬 양파와 양념한 불고기를 넣고 바글바글 끓여 불고기가 다 익으면 팽이버섯, 쪽파를 기호에 맞게 넣고 달걀 1개를 풀어 넣은 뒤 뚜껑을 닫고 불을 꺼 약 3~4분 두고,
❸ 뜨거운 밥 위에 올려 마무리.

쇠고기와 해물믹스의 만남
짜장덮밥

시판 해물믹스를 사용하면 간편하게 삼선짜장을 만들 수 있어요.
짜장을 만들 때는 보통 채를 써는데, 덮밥에서는 밥에 어울리게
모두 깍둑 썰기를 했어요. 시판 짜장분말은 녹말성분이 들어 있어
춘장을 사용하는 경우에는 농도에 따라 물녹말을 넣어 주세요.

| MONDAY | TUESDAY | **WEDNESDAY** | THURSDAY | FRIDAY | SATURDAY | SUNDAY |

필수 재료
쇠고기 200g, 해물믹스 1컵,
시판 짜장분말 1봉지, 밥 4공기

선택 재료
오이 ⅓개, 양파 2개, 감자 2개,
애호박 ½개

간편하게 시판제품 *
시판 짜장분말은 이 제품을
사용했어요.

1

쇠고기는 0.5cm 크기로 깍둑 썰고,
오이는 채 썰어 물에 한 번 씻고,
양파, 감자, 애호박은 쇠고기 크기로
깍둑 썰고,
TIP 오이는 물에 한 번 씻으면 미끌거리지
않아 식감이 좋아져요.

2

해물믹스는 끓는 물에 데치고,
TIP 끓는 물에 데치면 맛이 깔끔해져요.

3

달군 팬에 식용유 4큰술를 두르고
양파를 볶다가 반쯤 익으면 감자와
애호박을 넣어 볶고,

4

쇠고기와 데친 해물믹스를 넣고
볶다가 물 2컵을 넣어 감자가 익으면
불을 줄이고, 짜장분말*을 넣어 잘
풀고,

5

따뜻한 밥 위에 짜장소스를 붓고
채 썬 오이를 올려 마무리.

달콤한 양파샐러드와 함께 먹는
대패삼겹살덮밥

생강향이 나는 양념장에 재웠다가 구운 대패삼겹살에 상큼하고 아삭아삭한 양파샐러드를 곁들여 먹어요. 양파의 아삭함을 더 느끼고 싶다면 찬물에 담가 준비해요.

| MONDAY | TUESDAY | **WEDNESDAY** | THURSDAY | FRIDAY | SATURDAY | SUNDAY |

필수 재료
대패삼겹살 목살 600g, 양파 2개

선택 재료
대파 흰부분 1대

양념장
간장 3.5큰술＋맛술 2큰술＋물 3큰술＋
물엿 2큰술＋다진 생강 1.5큰술＋
후춧가루 0.5작은술

양파드레싱
설탕 1.5큰술＋간장 2큰술＋식초 2큰술＋
다진 마늘 0.5큰술＋참기름 0.5큰술

1

대패삼겹살은 **양념장**에 버무려 30분간 재우고,

2

대파는 반 갈라 심을 빼고 돌돌 말아 곱게 채 썰어 얼음물에 담그고,
TIP 채 썬 대파를 얼음물에 담가 놓으면 볼륨감 있게 살아나요.

3

양파는 동글게 썰어 찬물에 20분간 담가 매운맛을 빼고, **양파드레싱**을 만들어 버무리고,

4

뜨겁게 달군 팬에 양념한 대패삼겹살을 넣어 익히고,

5

밥 위에 양파샐러드와 대패삼겹살을 올리고 채 썬 대파를 얹어 마무리.

한국인의 가장 만만한 덮밥
제육덮밥

덮밥 하면 가장 먼저 매콤한 제육볶음이 올라간
제육덮밥을 떠올리지 않을까요?
얇게 썬 대패삼겹살에 고춧가루를 넣고
국물이 흥건하지 않게 매콤하게 볶는 게 비법이에요.

필수 재료
돼지고기 목삼겹살 600g, 밥 4공기

선택 재료
양배추 ¼통, 양파 ½개, 애호박 ¼개,
풋고추 3개, 대파 1대

양념
고춧가루 4큰술, 후춧가루 0.5작은술

양념장
간장 2큰술+맛술 2큰술+
다진 마늘 1.5큰술+다진 생강 0.5작은술+
고추장 5큰술+물엿 1.5큰술+참기름 0.5큰술

1

돼지고기에 **양념장**을 넣고 버무려 30분간 재우고,
TIP 돼지고기는 키친타월에 올려 핏물을 빼서 사용하면 좋아요.

2

양배추, 양파, 애호박은 모두 굵게 채 썰고, 고추와 대파는 어슷 썰고,

3

뜨겁게 달군 팬에 양념한 고기를 볶아 겉면이 익으면 애호박, 양배추, 양파, 고춧가루 2큰술를 넣어 볶고,

4

채소의 숨이 살짝 죽으면 대파, 풋고추, 고춧가루 2큰술, 후춧가루를 넣어 볶고,
TIP 마지막에 고춧가루를 넣으면 양념색이 진해지고 깔끔한 매운맛을 낼 수 있어요.

5

따뜻한 밥 위에 제육볶음을 올려 마무리.

시판 돈가스로 손쉽게
돈가스덮밥

마트에서 흔히 볼 수 있는 시판 돈가스로 만드는 덮밥이에요. 돈가스를 번거롭게 만들지 않아도 돼서 라면 끓이는 것만큼 쉽답니다. 바삭한 돈가스에 달큰한 국물이 촉촉이 스며든 별미 덮밥을 소개해요.

필수 재료
돈가스 4장, 양파 2개, 달걀 4개

선택 재료
표고버섯 2개, 대파 2대

양념
소금 약간

육수
다시마 3장, 가쓰오부시 1컵,
청주 2큰술, 설탕 2큰술, 간장 6큰술

1 물 2컵에 다시마를 넣고 끓으면 다시마를 건져낸 뒤 불을 끄고 가쓰오부시를 넣고 5분 뒤에 건지고 청주, 설탕, 간장을 넣고 설탕이 녹을 만큼 끓여 육수를 만들고,

2 돈가스는 식용유 3컵에 노릇하게 튀겨 먹기 좋게 자르고,

3 양파, 표고버섯은 채 썰고, 대파는 어슷 썰고, 달걀은 소금 약간을 넣어 풀고,

4 육수에 양파, 표고버섯, 대파를 넣고 양파가 익을 만큼 끓인 뒤 달걀을 풀어 반쯤 익으면 뚜껑을 덮고,

5 뜨거운 밥 위에 돈가스를 올리고 육수를 부어 마무리.
TIP 육수를 넉넉히 부어야 촉촉하게 즐길 수 있어요.

아이들 입맛에 최고메뉴
햄버거덮밥

밥투정 하는 아이나 초딩 입맛을 가진 어른들이 아주 좋아하는 메뉴인데요. 햄버거 반죽은 미리 넉넉히 만들어 랩으로 싸서 냉동해 두면 반찬 없는 어느 날 후딱 꺼내 만들어 먹기 좋아요.

MONDAY **TUESDAY** **WEDNESDAY** **THURSDAY** **FRIDAY** **SATURDAY** **SUNDAY**

필수 재료
양파 1½개, 양송이버섯 5개, 밥 4공기

햄버거반죽
다진 돼지고기 250g, 다진 쇠고기 150g,
빵가루 8큰술, 우유 2큰술,
후춧가루 0.5작은술

소스
케첩 6큰술+돈가스소스 6큰술+
맛술 4.5큰술+우유 4.5큰술

간편하게 시판제품★
돈가스소스는 이 제품을
사용했어요.

1
양파 ½개는 곱게 다져 달군 팬에
식용유 1큰술를 두르고 투명하게
볶아 식히고, 햄버거반죽에 볶은
양파를 넣어 반죽하고,
TIP 반죽은 둥글넓적하게 빚어 가운데
부분을 지그시 눌러 익히면 가운데가
봉긋 솟아오르지 않아요.

2
양파 1개는 채 썰고, 양송이버섯은
얇게 썰고,

3
센 불로 달군 팬에 식용유 1큰술를
두르고 햄버거반죽을 앞뒤로 구운
뒤 불을 줄여 뚜껑을 덮고 완전히
익혀 꺼내고,
TIP 시판 햄버그스테이크로 대신 해도
좋아요.

4
팬에 버터를 넣고 양파와 양송이
버섯을 볶다가 **소스**를 넣어 졸이고,

5
따뜻한 밥 위에 햄버그스테이크를
올리고 소스를 곁들여 마무리.
TIP 슈레드 모차렐라치즈를 얹어 오븐에
살짝 구워도 좋아요.

한 그릇이면 든든해
마파소스덮밥

중국식 마파소스에 부드러운 두부와 쫄깃한 가지를 넣으면
다양한 식감도 즐기고 든든하게 먹을 수 있어요.
송송 썬 파를 듬뿍 올려 야무지게 비벼 드세요.

| MONDAY | TUESDAY | **WEDNESDAY** | THURSDAY | FRIDAY | SATURDAY | SUNDAY |

필수 재료
두부 1모, 가지 1개, 돼지고기 다짐육 200g, 밥 4공기

선택 재료
대파 2대

소스
설탕 0.5큰술, 간장 0.5큰술, 굴소스 1큰술, 고추기름 2큰술

양념
두반장 2큰술, 다진 마늘 1큰술, 다진 생강 0.5작은술, 다진 파 2큰술, 소금 약간, 후춧가루 약간, 녹말물 1큰술

1
두부는 1cm 크기로 깍둑 썰어 데치고, 가지는 깍둑 썰고, 대파는 송송 썰고.
TIP 두부는 부드러운 찌개용을 사용하면 식감이 좋아요.

2
중간 불로 달군 팬에 식용유 1큰술를 두르고 돼지고기, 두반장, 다진 마늘, 다진 생강, 다진 파를 넣어 볶고.

3
고기가 다 익으면 가지를 넣어 잠시 볶다가 뜨거운 물 2컵, **소스**, 소금, 후춧가루를 넣고 불을 줄여 녹말물로 농도를 조절하고.
TIP 녹말물은 물과 녹말을 1:2로 섞어 사용해요.

4
밥 위에 마파소스를 얹은 뒤 송송 썬 대파를 듬뿍 올려 마무리.
TIP 고기와 가지 대신 냉동실에 얼려둔 해물믹스만으로도 근사한 해물마파두부를 만들 수 있어요.

5분 버는 스마트 요리법

순두부찌개로 간단히 두부덮밥을 만들어 보세요.
① 남은 순두부찌개를 데우고,
② 멸치다시마육수약간와 녹말가루를 넣고 풀어 농도를 조절하고,
TIP 찌개가 짤 수 있으므로 멸치다시마육수를 추가해 간을 맞추세요.
③ 밥 위에 얹고 송송 썬 쪽파, 김가루를 올려 마무리.

PLUS RECIPE

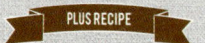

덮밥을 업그레이드 시키는 초간단 김치4종

덮밥엔 칼칼한 김치 반찬 하나만 곁들여도 든든하죠.
덮밥은 물론, 어떤 요리에도 곁들여 내기 좋은 쉽고 간편한 김치를 소개해 드려요.

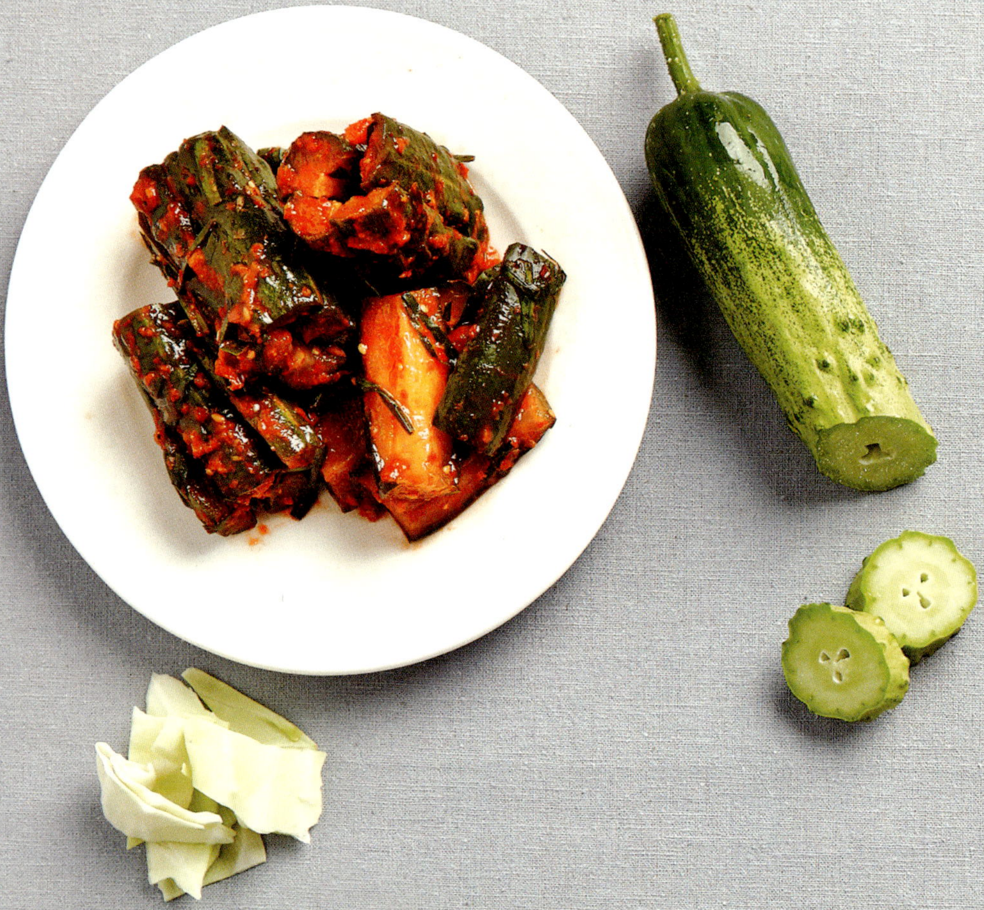

오이김치

오이를 한입 크기로 썰어 버무린 오이김치는 오이소박이보다 만들기도 쉽고 금방 익어서 바로 만들어 먹기 좋아요.

재료 오이 3개, 다진 부추 1½컵, 천일염 약간
양념 새우젓 1큰술, 고춧가루 3.5큰술, 소금 1큰술, 설탕 1작은술, 다진 마늘 1큰술

1. 오이는 씻어서 굵은 소금으로 비벼 30분쯤 절이고,
2. 길이로 4등분한 뒤 열십자로 썰고,
3. 부추는 다지고, 새우젓도 다지고,
4. 다진 부추에 다진 새우젓과 나머지 양념을 넣어 섞은 뒤 썬 오이를 넣고 버무려 마무리.

양배추김치

양배추로 김치를 담그면 달콤하면서도 식감이 단단해서 별미 김치가 되죠. 배추가 무르기 쉬운 여름철에 만들기 좋은 메뉴예요.

재료 양배추 700g, 쪽파 50g, 천일염 2큰술
양념장 양파 1개+설탕 1큰술+고춧가루 ½컵+멸치액젓 1큰술+새우젓 ¼컵+다진 마늘 1큰술+다진 생강 ½작은술

1. 양배추는 굵은 심을 도려내고 큼직하게 썰고, 쪽파는 4cm 길이로 썰고.
2. 천일염을 뿌려 4시간 정도 절인 뒤 씻어 체에 밭쳐 물기를 빼고.
3. 믹서에 양파, 다진 마늘, 다진 생강, 멸치액젓, 새우젓을 넣고 곱게 간 뒤 고춧가루, 설탕을 섞고.
4. 양배추, 쪽파를 넣고 버무려 마무리.

파김치

파김치는 특유의 향 때문에 많은 분들이 좋아하시죠? 만들기도 쉬울 뿐만 아니라 소화도 잘되기 때문에 묵직한 요리를 곁들일 때 함께 내면 좋아요.

재료 쪽파 1kg, 멸치액젓 1컵, 고춧가루 ⅔컵
양념 양파 1개, 밥 4큰술, 매실청 2큰술, 설탕 1큰술

1. 쪽파는 다듬어 깨끗이 씻어 체에 밭쳐 물기를 빼고.
2. 멸치액젓을 뿌리 쪽에 뿌려 1시간 정도 절이고.
3. 파를 절인 멸치액젓에 양념을 넣어 믹서에 곱게 갈고.
4. 간 양념에 고춧가루를 넣고 버무려 절인 쪽파에 바르듯이 버무려 먹기 좋게 한 줌씩 돌돌 말아 담아 하루 정도 실온에 숙성한 뒤 냉장 보관해 마무리.

충무김밥 무김치

충무김밥에 곁들이는 무김치는 일반 깍두기와는 달리 새콤하면서도 감칠맛이 뛰어나서 남녀노소 누구나 좋아해요. 버무려서 바로 먹어도 좋지만 하루 정도 숙성시키면 더욱 맛있어요.

재료 무 700g
단촛물 식초 5큰술, 소금 1큰술, 설탕 4큰술, 물 1컵
양념장 소금 1큰술+설탕 0.5큰술+고춧가루 3.5큰술+멸치액젓 0.5큰술+다진 파 1큰술+다진 마늘 0.5큰술+후춧가루 약간

1. 무는 껍질을 벗겨 은행잎 모양으로 썰고.
2. 단촛물에 무를 넣어 하룻밤 재운 뒤 체에 밭쳐 물기를 빼고.
3. 무에 **양념장**을 섞어 실온에서 하루 익힌 뒤 냉장 보관해 마무리.

THURSDAY

산채나물비빔밥 124p

강된장비빔밥 128p

PART 5 — 목요일엔 산뜻한 비빔밥

스테이크비빔밥 144p

*모든 요리는 4인분 기준입니다.

아삭하게 입맛 살리는
노각생채비빔밥

흔히 늙은 오이라 불리는 노각은 수분이 많고 시원한 맛이 있어 여름철에 별미로 즐기기 좋은 식재료예요.
매콤 새콤하게 버무려 밥에 비벼 먹으면 칼칼한 듯 아삭한 식감에 더위도 잊은 채 술술 넘어가요.

MONDAY TUESDAY WEDNESDAY **THURSDAY** FRIDAY SATURDAY SUNDAY

필수 재료
노각 1개, 풋고추 2개, 밥 4공기

양념
소금 1.5큰술, 통깨 1작은술

양념장
설탕 1작은술+고춧가루 1큰술+
식초 1작은술+다진 마늘 1작은술+
고추장 2큰술+참기름 1작은술+통깨 1큰술

1 노각은 감자칼로 껍질을 벗겨 반 갈라 수저로 씨 부분을 긁고,

2 길이로 반 썰어 채 썰고, 풋고추는 송송 썰고,
TIP 노각 대신 여름철 과일인 참외나 수박의 흰 부분을 사용해도 맛있어요.

3 채 썬 노각은 소금을 뿌려 15분간 절인 뒤 꼭 짜 풋고추를 넣고 **양념장**에 섞고,

4 밥 위에 노각무침을 올리고 통깨를 뿌려 마무리.

한여름에 심플한 한 그릇
참치새싹비빔밥

더운 여름철 입맛은 없고 장보기도 여의치 않을 때 만들면 딱 좋은 비빔밥이에요.
새싹을 넉넉히 올려 쌉싸래한 맛으로 입맛을 살렸어요.
없을 땐 냉장고 속 다양한 채소들을 곱게 채 썰어 대체해도 좋아요.

MONDAY　TUESDAY　WEDNESDAY　**THURSDAY**　FRIDAY　SATURDAY　SUNDAY

필수 재료
통조림 참치 2캔, 새싹채소 1팩, 깻잎 10장,
상추 8장, 밥 4공기

비빔장
설탕 1.5큰술+식초 2큰술+맛술 2작은술+
다진 마늘 1큰술+고추장 4큰술+
물엿 1큰술+참기름 1큰술+통깨 1큰술+
후춧가루 약간

1
통조림 참치는 체에 밭치고,

2
채소는 모두 씻어 물기를 빼고, 깻잎과 상추는 곱게 채 썰고,

3
비빔장을 만들고,
TIP 시판 비빔장을 사용해도 좋아요.

4
밥 위에 채소를 돌려 담고 가운데에 참치를 올리고 비빔장을 곁들여 마무리.

신선한 산의 정기를 한 그릇 안에
산채나물비빔밥

산에서 나오는 각종 나물을 넣고 비벼 먹는 산채비빔밥. 재료도 매번 다르고, 지역에 따라서도 조금씩 달라지지만 산의 정기를 품고 있어서 나물마다 향이 진해요.
봄이면 냉이나, 쑥갓, 참나물을 이용하고, 다른 계절이면 말린 나물로 만들어 봐요.

MONDAY | TUESDAY | WEDNESDAY | **THURSDAY** | FRIDAY | SATURDAY | SUNDAY

필수 재료
더덕 100g, 표고버섯 5~6개,
달걀 4개, 밥 4공기

선택 재료
도라지 200g, 말린 취나물 50g,
불린 고사리 200g, 당근 ¼개

비빔장
양파즙 2큰술+고추장 4큰술+꿀 2큰술

나물 양념
소금 1작은술, 다진파 2술,
다진 마늘 1작은술, 참기름 2큰술

양념
참기름 1큰술, 소금 약간

1

더덕은 껍질 벗겨 방망이로 살살 두드려 펴고, 참기름 1큰술을 발라 팬에 살짝 초벌로 구운 뒤 **비빔장**을 발라가며 앞뒤로 굽고, 도라지는 찬물에 30분 담가 쓴맛을 빼 꼭 짜고 달군 팬에 식용유 1큰술을 둘러 볶고,

2

말린 취나물은 하루 정도 물에 불려 냄비에 넉넉히 물과 소금을 넣고 삶아 불을 끄고 그대로 한나절 식히고, 깨끗이 씻어 꼭 짠 뒤 먹기 좋게 썰고 **나물 양념** 절반을 넣고 조물조물 무친 뒤 달군 팬에 살짝 볶고,

3

표고버섯과 당근은 채 썰어 식용유 1큰술을 두른 팬에 소금 약간 뿌려 볶고,
TIP 비빔밥에 들어갈 나물들이니 모든 간은 약하게 해요.

4

불린 고사리는 다듬어 나머지 나물 양념을 넣고 무친 뒤 달군 팬에 볶고,
TIP 말린 고사리가 있을 경우 취나물과 동일한 방법으로 만들어요.

5

달걀은 프라이하고,

6

밥 위에 재료를 돌려 담고 달걀프라이와 나머지 비빔장을 곁들여 마무리.

구수한 건강 별미
청국장비빔밥

국물이 많은 청국장찌개 대신 밥에 비벼 먹기 좋은 비빔청국장으로 비빔밥을 만들어 보세요.
채소가 없을 땐 잘 익은 김치를 물에 헹궈 꼭 짠 뒤 곱게 채 썰어 넣고 비벼도 맛있어요.

| MONDAY | TUESDAY | WEDNESDAY | **THURSDAY** | FRIDAY | SATURDAY | SUNDAY |

필수 재료
어린잎채소 2컵, 새싹채소 1컵,
깻잎 8장, 청국장 200g, 밥 4공기

선택 재료
청양고추 1개, 양파 ¼개, 두부 ¼모

양념
참기름 1작은술

청국장양념
날콩가루 2큰술, 고춧가루 1작은술,
멸치다시마육수 1컵(만드는 법 82p),
국간장 0.5큰술

1 어린잎채소, 새싹채소, 깻잎은 모두 깨끗이 씻어 물기를 빼고,

2 청양고추와 양파는 다지고, 두부는 작게 깍둑 썰고, 깻잎은 곱게 채 썰고,

3 팬에 참기름 1작은술을 두르고 청국장, 양파, 청양고추를 넣고 볶다가 두부, **청국장양념**을 넣고 끓여 비빔청국장을 만들고,

4 밥 위에 어린잎채소, 새싹채소, 깻잎을 돌려 담고 비빔청국장을 올려 마무리.

구수한 시골밥상
부추강된장비빔밥

향긋한 부추를 살짝 양념해 밥 위에 소복이 얹고 잘박하게 끓인 강된장을 넣어
쓱쓱 비벼 먹는 부추강된장비빔밥은 한국인이라면 군침 돌 만한 메뉴죠.
강된장은 너무 묽지 않게 끓이고 부추무침은 숨이 죽지 않도록 상에 내기 전에 바로 무쳐요.

MONDAY　TUESDAY　WEDNESDAY　**THURSDAY**　FRIDAY　SATURDAY　SUNDAY

필수 재료
칵테일새우 ½컵, 표고버섯 2개,
쇠고기 100g, 감자 1개,
양파 1개, 애호박 ¼개, 두부 ½모,
영양부추 100g, 밥 4공기

선택 재료
청양고추 1개, 대파 1대,
멸치다시마육수 1컵

밑간
설탕 0.5큰술, 간장 1큰술,
다진 마늘 1작은술, 참기름 0.5큰술

강된장양념
된장 3큰술+고추장 0.5큰술+
꿀 2큰술+참기름 1큰술

부추양념
고춧가루 1큰술+멸치액젓 1작은술+
참기름 1큰술+통깨 0.5큰술

양념
참기름 1작은술

1
칵테일새우, 표고버섯, 쇠고기는
도톰하게 다지고, 감자는 강판에 갈고.

2
양파 ½개, 애호박, 두부는 작게 깍둑
썰고, 청양고추와 대파는 송송 썰고.

3
칵테일새우, 표고버섯, 쇠고기는
밑간해 잠시 재운 뒤 달군 냄비에
참기름 1작은술을 둘러 달달 볶고.

4
강된장양념, 간 감자, 양파, 호박,
두부, 청양고추, 대파, 멸치다시마육수
1컵를 넣고 끓여 강된장을 만들고.

5
영양부추는 4cm 길이로 썰고,
양파 ½개는 곱게 채 썰어 함께
부추양념에 버무리고.

6
밥 위에 부추무침을 소복이 올려
강된장과 곁들여 마무리.

5분 버는 스마트 요리법

맛있게 끓인 된장찌개가 남았을 때도 비빔밥을 만들어 먹기 좋아요.

① 남은 된장찌개에 강판에 간 감자를 넣어 끓이다가 참기름과 꿀을 넣어 비빔된장을
　 만들고.

② 부추김치나 깍두기를 송송 썰어 밥 위에 얹고 비빔된장을 올린 뒤 들기름을 살짝
　 뿌려 마무리.

잘 익은 열무가 아삭
열무보리비빔밥

초여름부터 가을까지 나오는 열무는 무청을 가지고 각종 음식을 해먹어요.
여름 대표 식재료 열무로 시원하고 입맛 당기는 비빔밥을 만들자고요.

| MONDAY | TUESDAY | WEDNESDAY | **THURSDAY** | FRIDAY | SATURDAY | SUNDAY |

필수 재료
찰보리 1컵, 쌀 1컵, **열무김치** 200g

선택 재료
치커리 50g, 달걀 4개

비빔장
설탕 1큰술 + 사이다 1큰술 + 된장 1큰술 + 고추장 2큰술 + 참기름 1큰술

양념
참기름 약간

1
찰보리와 쌀을 섞어 깨끗이 씻어 물에 30분간 불린 뒤 밥을 지어 그릇에 담고,

2
열무김치와 치커리는 먹기 좋은 크기로 자르고, **비빔장**은 모두 섞고,

3
달군 팬에 식용유 1큰술를 두르고 달걀프라이를 하고,

4
그릇에 밥을 담고 열무김치, 달걀프라이, 치커리를 올리고 비빔장과 참기름을 곁들여 마무리.

쌈채소 총집합
쌈채소겉절이비빔밥

삼겹살 먹는다고 구입한 쌈채소는 늘 조금씩은 남게 되죠.
이럴 땐 즉석에서 겉절이로 버무려 비빔밥을 만들어 보세요.
액젓으로 양념해 버무린 겉절이에 남은 고기가 있다면 작게 잘라 넣어도 맛있어요.

| MONDAY | TUESDAY | WEDNESDAY | **THURSDAY** | FRIDAY | SATURDAY | SUNDAY |

필수 재료
쌈채소 치커리, 겨자채, 상추 등 350g,
밥 4공기, 들기름 1큰술

1차 양념
고춧가루 1.5큰술+들기름 1큰술

2차 양념
설탕 0.5작은술+**고춧가루** 1큰술+
간장 2큰술+식초 1큰술+
까나리액젓 2작은술+**통깨** 1.5큰술

1 쌈채소는 얼음물에 담갔다가 물기를 완전히 뺀 뒤 먹기 좋은 크기로 썰고,

2 **1차 양념**을 섞어 쌈채소에 버무리고,
TIP 들기름으로 코팅하면 숨이 금방 죽지 않아요.

3 다시 **2차 양념**을 섞어 쌈채소에 버무리고,

4 그릇에 밥을 담고 쌈채소 겉절이를 올린 뒤 들기름을 뿌려 마무리.

입에서 살살 녹는 그 맛
훈제연어비빔밥

부드러운 연어에 새콤한 초고추장양념이
조화를 이루는 비빔밥이에요.
연어의 고소한 맛과 오이의 아삭한 식감이 잘 어울려요.

MONDAY TUESDAY WEDNESDAY **THURSDAY** FRIDAY SATURDAY SUNDAY

필수 재료
훈제연어 400g, 밥 4공기

선택 재료
파프리카 빨강, 노랑 ½개씩,
사과 ½개, 오이 ½개, 어린잎채소 1팩

양념
참기름 약간

비빔장
설탕 2큰술+식초 2큰술+레몬즙 2큰술+
맛술 1큰술+물 농도조절용+다진 마늘 1큰술+
생강 1작은술+고추장 4큰술+올리고당 1큰술+
참기름 2작은술+ 통깨 1큰술

1

비빔장은 모두 섞어 냉장고에 30분 정도 숙성시키고,
TIP 생수를 넣어 잘 비벼질 수 있게 농도를 맞춰주세요. 집고추장일수록 뻑뻑해요.

2

파프리카는 채 썰고, 사과와 오이는 5cm 길이로 채 썰고,

3

어린잎채소는 깨끗이 씻어 체에 밭치고,

3

훈제연어는 먹기 좋은 크기로 자르고,

4

그릇에 밥을 담고 채소와 훈제연어를 올린 뒤 비빔장과 참기름을 곁들여 마무리.
TIP 케이퍼를 넣어 먹어도 좋아요.

거제도의 별미
멍게비빔밥

통영에 가면 꼭 먹어 봐야 할 음식 중에 하나가 멍게비빔밥이죠.
가볍게 양념한 멍게를 냉동실에 살짝 얼려 숙성시키고,
채소와 김가루를 소복이 올려 먹어요.
한입 먹을 때마다 바다의 싱싱함이 느껴진답니다.

MONDAY | TUESDAY | WEDNESDAY | **THURSDAY** | FRIDAY | SATURDAY | SUNDAY

필수 재료
멍게 300g, 어린잎채소 4컵, 밥 4공기

선택 재료
김가루 2컵

멍게양념
소금 1작은술+맛술 1작은술+
다진 파 2큰술+다진 마늘 0.5큰술

양념
깨소금 2큰술, 참기름 2큰술

1

멍게는 손질해서 잘게 썰고,

2

멍게양념에 버무려 냉동실에 1시간 숙성시키고,
TIP 양념이 배어들고 살짝 살얼음이 끼도록 얼려요.

3

어린잎채소는 찬물에 담갔다가 물기를 빼고,

4

그릇에 밥을 담고 어린잎채소, 멍게, 김가루를 올린 뒤 깨소금과 참기름을 뿌려 마무리.

쫄깃쫄깃한 맛이 좋아요
꼬막비빔밥

꼬막은 보통 삶아서 양념장을 올려 먹는 게 대부분이지만
벌교에선 갖은 채소와 함께 새콤하게 무쳐 밥과 김가루를 올려 비벼 먹기도 해요.
여기서는 간단히 어린잎채소와 향이 좋은 미나리를 더하고,
청양고추가 들어간 간장양념으로 비빔밥을 만들었답니다.

MONDAY　TUESDAY　WEDNESDAY　**THURSDAY**　FRIDAY　SATURDAY　SUNDAY

필수 재료
꼬막 1kg, 어린잎채소 4컵,
미나리 4대, 밥 4공기

양념장
설탕 1작은술+고춧가루 2큰술+
간장 4큰술+참치액 1작은술+
매실청 1큰술+다진 파 3큰술+
다진 마늘 1큰술+다진 청양고추 1큰술+
참기름 1큰술+통깨 1큰술

1
꼬막은 해감해 냄비에 물과 천일염 약간과 함께 넣어 한쪽 방향으로 저어가며 익히고,
TIP 꼬막 1~2개가 입을 열면 불을 끄고 뚜껑을 닫아 3분간 뜸을 들여요.

2
수저로 꼬막의 뒤쪽을 비틀어 껍질을 벌리고 살만 발라내 **양념장**에 섞고,

3
어린잎채소는 찬물에 헹궈 물기를 빼고,

4
미나리는 송송 썰고,

5
그릇에 밥을 담고 어린잎채소와 양념한 꼬막을 올린 뒤 송송 썬 미나리를 뿌려 마무리.

밥도둑이 따로 없네
꽃게살비빔밥

목포의 유명한 별미 꽃게살비빔밥은 간장게장은 명함도 내밀지 못할 밥도둑이죠.
꽃게의 살만 발라 양념해 놓으니 비벼 먹기도 참 편해요.
고소한 참기름을 두른 밥에 싱싱한 채소와 감칠맛 나는 꽃게살무침을 듬뿍 넣어
매력적인 맛의 조화를 경험해 보세요.

| MONDAY | TUESDAY | WEDNESDAY | **THURSDAY** | FRIDAY | SATURDAY | SUNDAY |

필수 재료
꽃게 4마리, 밥 4공기

선택 재료
치커리 2장, 상추 4장, 김가루 1컵

양념장
고춧가루 4큰술+멸치액젓 1큰술+
맛술 1작은술+생강즙 0.5작은술+
물엿 2큰술+채 썬 마늘 2큰술+후춧가루 약간

양념
참기름 2큰술, 통깨 2큰술

1
꽃게는 깨끗이 씻어
등껍질을 떼어낸 뒤
살만 발라내고,
TIP 밀대로 눌러 밀어 주면
잘 발라져요.

2
양념장에 꽃게살을 넣고
살짝 버무려 냉장실에
30분 이상 숙성시키고,
TIP 손질한 꽃게살은 양념장에
버무려 한 번 먹을
분량씩 냉동해 두었다가
꺼내 해동해도 좋아요.

3
치커리와 상추는 한입
크기로 찢고,

4
그릇에 밥을 담고
참기름을 뿌려 상추,
꽃게살무침, 김가루를
올린 뒤 통깨를 뿌려
마무리.

가볍게 즐기는 한 끼
닭고기비빔밥

여름철 칼로리를 생각한다면 닭고기비빔밥으로
가벼운 한 끼를 즐겨 보세요.
아삭한 콩나물과 함께 매콤한 양념장만 곁들여도
칼칼하게 한 그릇 비울 수 있어요.

| MONDAY | TUESDAY | WEDNESDAY | **THURSDAY** | FRIDAY | SATURDAY | SUNDAY |

필수 재료
닭가슴살 4쪽, 콩나물 300g, 오이 1개, 밥 3공기

닭 삶는 재료
양파 ½개, 대파 ½대, 통후추 1작은술

닭고기양념
설탕 0.5작은술+고춧가루 2큰술+
간장 2작은술+다진 파 2큰술+
다진 마늘 1큰술+고추장 4큰술+
참기름 1큰술+후춧가루 약간

콩나물양념
소금 0.7작은술+다진 파 1큰술+
다진 마늘 0.5큰술+참기름 0.5큰술+
깨소금 0.5큰술

절임장
소금 0.5큰술+식초 2큰술

비빔장
고춧가루 2큰술+사이다 3큰술+
다진 파 2큰술+다진 마늘 1큰술+
고추장 4큰술+참기름 0.5큰술+
후춧가루 약간

1
냄비에 닭가슴살, **닭 삶는 재료**, 물 4컵을 넣고 삶아 건져 식히고, 결대로 찢어 **닭고기양념**으로 버무리고,
TIP 먹고 남은 삼계탕에서 살을 발라내도 좋아요.

2
콩나물은 데쳐 찬물에 헹궈 물기를 뺀 뒤 **콩나물양념**으로 버무리고,

3
오이는 채 썰어 **절임장**에 10분간 절였다가 꼭 짜고, **비빔장**을 만들고,

4
밥 위에 닭가슴살, 오이절임, 콩나물무침을 올리고 비빔장을 곁들여 마무리.

5분 버는 스마트 요리법

닭가슴살을 직접 삶아 만들기 번거로울 때는 통조림 닭가슴살을, 오이절임 과정 대신해 무초절임을 이용하면 좀 더 간단히 만들 수 있어요.

❶ 통조림 닭가슴살은 체에 받쳐 물기를 뺀 뒤 닭고기양념에 버무리고,
TIP 시판 약고추장에 사이다를 섞어 농도를 맞춰도 좋아요.
❷ 콩나물은 데쳐서 찬물에 헹궈 물기를 뺀 뒤 콩나물양념으로 버무리고,
❸ 오이 대신 무초절임을 곱게 채 썰고, 비빔장을 만들고,
❹ 밥 위에 콩나물무침, 닭고기무침, 무초절임을 올리고 비빔장을 곁들여 마무리.

고기마니아를 위한 한 그릇
스테이크비빔밥

비빔밥이라면 다양한 채소를 듬뿍 담아야 한다는 편견을
깨 버릴 만큼 단조로운 듯 보이면서도
맛에선 부족함이 없는 비빔밥이에요.
올리브유에 살짝 볶은 표고버섯과 시금치의 조화로운 맛에
두툼한 스테이크가 품도 나지만 식감을 더한답니다.

MONDAY | TUESDAY | WEDNESDAY | **THURSDAY** | FRIDAY | SATURDAY | SUNDAY

필수 재료
채끝등심 구이용 400g, 시금치 100g,
표고버섯 4개, 밥 4공기

선택 재료
시금치 100g, 표고버섯 4개

양념
올리브유 2큰술, 다진 마늘 1작은술,
소금 약간, 후춧가루 약간

고기밑간
간장 1큰술+맛술 2큰술+참기름 1작은술

비빔장
다시마육수 3큰술(만드는 법 82p)+
약고추장 5큰술+통깨 1작은술

1

채끝등심은 **고기밑간**으로 10분간 재운 뒤 팬에 구워 도톰하게 저며 썰고,

2

시금치는 반 가르고, 표고버섯은 채 썰고,

3

팬에 올리브유 2큰술를 둘러 다진 마늘, 표고버섯, 시금치를 볶다가 소금과 후춧가루로 간해 시금치버섯볶음을 만들고,

4

비빔장을 만들고,

5

그릇에 밥을 담고 시금치버섯볶음, 구운 등심을 함께 올린 뒤 비빔장을 곁들여 마무리.

간단한 듯 폼나는 한 그릇
불고기비빔밥

달큰한 불고기와 향 좋은 표고버섯을 볶아 비벼 먹는 간단하면서도 폼나는 요리예요.
김치의 아삭함도 함께 느낄 수 있어요.

MONDAY　TUESDAY　WEDNESDAY　**THURSDAY**　FRIDAY　SATURDAY　SUNDAY

필수 재료
표고버섯 3개, 양파 1개,
쇠고기 불고기용 250g

선택 재료
상추 3~4장, 깻잎 2장

불고기양념
설탕 1큰술+간장 2큰술+배 간 것 1큰술+
다진 파 1큰술+다진 마늘 0.5큰술+
참기름 2작은술+깨소금 2작은술+
후춧가루 약간

비빔장
설탕 1.5큰술+식초 2큰술+맛술 2작은술+
다진 마늘 1큰술+고추장 4큰술+
물엿 1큰술+참기름 1큰술+
후춧가루 약간+통깨 1큰술

1  표고버섯과 양파는 채 썰어 쇠고기 함께 **불고기양념**에 재워 놓고,
TIP 고기를 먼저 재우고 10분 뒤에 표고버섯을 넣어요. 버섯을 미리 넣으면 양념을 흡수해 짜져요.

2  김치는 속을 털고 꼭 짜서 채 썰고, 상추와 깻잎은 굵게 채 썰고, **비빔장**을 만들고,
TIP 시판 비빔장을 사용해도 좋아요.

3  팬에 식용유 1큰술를 두르고 불고기를 넣어 국물이 자작할때까지 볶고,

4  그릇에 밥을 담고 김치, 볶은 불고기, 상추, 깻잎을 올린 뒤 비빔장을 곁들여 마무리.
TIP 불고기가 적당히 간이 되어 있으니 비빔장은 조금만 넣어 주세요.

아이들의 인기 메뉴
장조림버터비빔밥

버터향이 솔솔 나는 밥에 짭조름한 장조림과 꼬들꼬들한 무장아찌를 넣고 달걀과 함께 비벼 먹는 장조림버터비빔밥은 특히 아이들이 참 좋아하는 메뉴죠.
따뜻하게 먹을 수 있도록 뜨겁게 달군 1인용 스테이크팬에 담아내면 좋아요.

MONDAY　TUESDAY　WEDNESDAY　**THURSDAY**　FRIDAY　SATURDAY　SUNDAY

필수 재료
장조림 200g, 무장아찌 120g,
밥 4공기, 달걀 8개

선택 재료
버터 4큰술, 장조림국물 2큰술

양념
소금 약간, 후리가케 4작은술

1

장조림은 결대로 가늘게 찢고, 무장아찌는 곱게 채 썰어 물에 담가 짠맛을 빼고,

2

달군 팬에 버터를 두르고 밥과 장조림국물을 넣어 고슬고슬하게 볶고,

3

달걀을 풀어 소금 약간으로 간해 인원수대로 얇게 부치고,
TIP 달걀은 70%정도만 익혀 완성해요.

4

그릇에 버터볶음밥을 담고 달걀, 장조림, 무장아찌를 올린 뒤 후리가케를 뿌려 마무리.

5분 버는 스마트 요리법

컵밥처럼 쉽고 간단하게 만들어도 좋아요.
① 장조림은 결대로 가늘게 찢고, 무장아찌는 곱게 채 썰어 물에 담가 짠맛을 빼고,
② 뜨거운 밥에 버터, 장조림, 다진 장아찌, 장조림국물을 넣어 비비고,
③ 달걀을 프라이해 밥 위에 얹은 뒤 후리가케를 뿌려 마무리.

PLUS RECIPE

비빔밥의 맛을 좌우하는 황금 비빔장 4종

이 책에는 비빔밥마다 어울리는 비빔장이 각각 소개되어 있어요.
하지만 모든 비빔밥마다 비빔장을 만들기는 쉽지 않죠.
많이 먹게 되는 4가지의 비빔장을 소개합니다.

고추장비빔장

대부분의 비빔밥과 어울리는 고추장비빔장이에요. 특히 나물이 많이
들어가 있거나, 쇠고기, 돼지고기 같은 고기류와 잘 어울려요. 식초나 생수가
들어가지 않고 양파즙으로 농도를 맞추면 좋아요.

비빔장 양파즙 2큰술+꿀 2큰술+고추장 4큰술+다진 마늘 1큰술+참기름 2작은술+통깨 1큰술

된장비빔장

구수한 맛이 일품인 된장비빔장은 열무김치비빔밥이나 보리밥이 들어가는 비빔밥과 잘 어울려요. 된장뿐만 아니라 고추장과 갖은 견과류도 다져 넣어 고소해요.

비빔장 고운고춧가루 1작은술+사이다 1큰술+
다진 견과류 1작은술+고추장 1큰술+된장 2큰술+
참기름 2큰술+통깨 1작은술

초고추장비빔장

상큼하게 먹고 싶을 때 좋은 초고추장비빔장이에요. 멍게, 훈제연어, 참치와 같은 해산물이 들어가는 비빔밥에 잘 어울리고 나물비빔밥 중에서도 노각이나 무생채에 새콤한 초고추장비빔장이 잘어울려요.

비빔장 설탕 2큰술+식초 2큰술+레몬즙 2큰술+맛술 1큰술+
생강즙 1작은술+물 농도조절용+고추장 4큰술+
올리고당 1큰술+다진 마늘 1큰술+참기름 2작은술+
통깨 1큰술

양념간장비빔장

고추장의 텁텁함 대신 깔끔한 맛을 즐기는 사람들이 좋아하는 양념간장비빔장이에요. 갖은 양념을 다 넣고 섞는데, 매운맛을 즐기지 않는다면 청양고추 대신 풋고추를 다져 넣어요. 아이들에게 먹일 거라면 고춧가루도 반으로 줄이고, 다진고추 대신 다진 양파를 넣어요.

비빔장 설탕 1작은술+고춧가루 2큰술+간장 4큰술+
참치액 1작은술+매실청 1큰술+다진 파 3큰술+
다진 마늘 1큰술+다진 청양고추 1큰술+참기름 1큰술+
통깨 1큰술

채소솥밥 170p

FRIDAY

PART 6
금요일엔 건강식 영양밥

해물솥밥 176p

*모든 요리는 4인분 기준입니다.

향과 맛에 취하는
곤드레나물밥

곤드레나물은 바람에 흔들리는 모습이 술 취한 모습을 닮았다며 붙여진 재미난 이름인데요.
이름과는 달리 단백질, 칼슘, 비타민, 섬유소가 풍부해 소화가 잘되고,
이뇨효과로 부종이 있는 사람에게도 좋은 건강식품이랍니다.

MONDAY TUESDAY WEDNESDAY THURSDAY **FRIDAY** SATURDAY SUNDAY

필수 재료
말린 곤드레나물 50g, 쌀 3컵

선택 재료
양송이버섯 3개, 당근 ⅓개,
멸치다시마육수 3컵(만드는법 82p)

곤드레양념
국간장 1.5큰술, 들기름 1큰술

양념장
고춧가루 2작은술+진간장 3큰술+
국간장 0.5작은술+맛술 2큰술+
다진 파 3큰술+다진 마늘 1작은술+
들기름 1큰술+통깨 1.5큰술

1

말린 곤드레나물은 찬물에 하룻밤 정도 불린 뒤 냄비에 넣고 20분 정도 삶아 찬물에 헹궈 한입 크기로 썰어 **곤드레양념**에 무치고,

2

쌀은 깨끗이 씻어 30분간 물에 불린 뒤 체에 밭치고, 양송이버섯은 다져 **양념장**과 섞어 두고,
TIP 양송이버섯은 나중에 넣어야 식감이 좋아요.

3

당근은 곱게 다지고,

4

냄비에 식용유 1큰술를 두르고 불린 쌀을 볶다가 당근을 넣고, 쌀알이 투명해지면 멸치다시마육수와 양념한 곤드레나물을 넣고 뚜껑을 닫아 밥물이 끓으면 불을 줄여 20분간 뜸을 들이고,

5

완성된 곤드레나물밥을 고루 섞어 양념장을 곁들여 마무리.

봄에 즐기는 향긋한
취나물밥

단백질과 무기질이 풍부해서 봄나물 중에 최고라는 취나물은 특유의 향긋함 때문에 나물무침, 부침개는 물론 밥을 지어도 맛있어요. 생취나물이 없을 땐 말린 취나물을 불려 사용해도 좋고, 양념장엔 영양부추 대신 달래나 쪽파를 송송 썰어 넣어도 맛있어요.

MONDAY　TUESDAY　WEDNESDAY　THURSDAY　**FRIDAY**　SATURDAY　SUNDAY

필수 재료
쌀 3컵, 취나물 250g, 다진 쇠고기 150g

선택 재료
영양부추 20g,
다시마육수 3컵(만드는 법 82p)

취나물양념
소금 약간, 참기름 1작은술

쇠고기양념
설탕 0.5큰술+간장 1.5큰술+
다진 마늘 0.5큰술+참기름 1작은술+
후춧가루 약간

양념장
고춧가루 2큰술+간장 3큰술+
다시마육수 1큰술(만드는 법 82p)+
참기름 1큰술+통깨 1작은술

양념
천일염 2작은술

1

쌀은 깨끗이 씻어 30분
간 물에 불린 뒤 체에
밭치고, 영양부추는
잘게 썰어 **양념장**과 섞고,

2

취나물은 다듬어 끓는
물에 천일염을 넣고
데쳐 찬물에 헹궈 한입
크기로 썰어 **취나물양념**
에 무치고,

3

다진 쇠고기는 핏물을
빼고 **쇠고기양념**에
무치고, 달군 냄비에 넣어
볶다가 불린 쌀과 다시
마육수 2컵를 넣고
뚜껑을 닫아 끓이고,

4

밥물이 끓어오르면
양념한 취나물을 넣고
불을 줄여 20분 정도
뜸을 들여 그릇에 담고
양념장을 곁들여 마무리.

제일 간단한 영양밥
콩나물밥

콩나물밥은 뚜껑을 닫고 요리해야 비린내가 나지 않아요.
간편하게 만들고 싶다면 처음부터 재료를 모두 넣어 밥을 하고,
아삭한 콩나물밥을 먹고 싶으면 밥하고 뜸이 들 때 콩나물을 얹어요. 압력밥솥에 한다면
간편하지만 콩나물에서 수분이 많이 빠져 좀 질겨질 수 있어요.

MONDAY TUESDAY WEDNESDAY THURSDAY **FRIDAY** SATURDAY SUNDAY

필수 재료
쌀 3컵, 콩나물 300g, 다진 쇠고기 150g

선택 재료
멸치다시마육수 3컵(만드는 법 82p)

고기양념
소금 0.5큰술, 간장 1작은술, 참기름 0.5큰술, 깨소금 1작은술, 후춧가루 약간

양념장
설탕 0.5큰술+고춧가루 0.5큰술+
멸치다시마육수 2큰술(만드는 법 82p)+
간장 3큰술+식초 1작은술+
다진 영양부추 2큰술+다진 양파 1큰술+
참기름 1큰술+통깨 1큰술

1

쌀은 깨끗이 씻어 30분간 물에 불린 뒤 체에 밭치고, 콩나물은 깨끗이 씻어 체에 밭치고,
TIP 콩껍질에서 비린내가 나니 제거해주세요.

2

다진 쇠고기는 핏물을 빼고 **쇠고기양념**에 무치고, **양념장**은 섞어 두고,
TIP 간장을 많이 넣으면 밥의 색이 진해지니 나머지는 소금으로 간해요.

3

냄비에 양념한 쇠고기를 볶다가 쌀과 멸치다시마육수 3컵를 넣어 밥을 하고,

4

밥물이 끓으면 약한 불에서 10분간 익힌 뒤 콩나물을 펼쳐 담고 뚜껑을 닫아 7분간 더 익히고,

5

그릇에 밥을 담고 양념장을 곁들여 마무리.

김장김치로 제맛 내는
돼지고기김치밥

김장김치가 잘 익으면 김치국만큼이나 맛있게 만들어 먹을 수 있는 음식이 김치콩나물밥이에요. 구수한 맛을 위해 멸치다시마육수를 사용하고 아삭한 식감을 위해 콩나물은 뜸 들일 때 넣어요. 참기름 대신 들기름을 넣어도 또 다른 구수한 맛을 내요.

MONDAY　TUESDAY　WEDNESDAY　THURSDAY　**FRIDAY**　SATURDAY　SUNDAY

필수 재료
쌀 2½컵, 돼지고기 안심 200g,
배추김치 1½컵, 콩나물 150g

선택 재료
멸치다시마육수 2¼컵(만드는 법 82p),
김칫국물 3큰술

양념
참기름 1큰술, 통깨 1큰술

돼지고기 밑간
설탕 1작은술, 간장 1큰술, 다진 마늘 1작은술,
참기름 1작은술, 후춧가루 약간

양념장
고춧가루 1작은술+간장 2큰술+
다진 파 2큰술+다진 마늘 1작은술+
다진 풋고추 1큰술+참기름 1큰술+
깨소금 1큰술

1

쌀은 깨끗이 씻어 30분간 물에 불린 뒤 체에 밭치고, 돼지고기는 곱게 채 썰어 **밑간**하고,

2

김치는 송송 썰고, **양념장**은 섞고,

3

냄비에 김치, 쌀, 돼지고기를 켜켜이 얹고 멸치다시마육수를 부어 뚜껑을 닫아 끓이고,

4

밥물이 끓으면 약한 불에서 10분간 익힌 뒤 콩나물을 펼쳐 담고 뚜껑을 닫아 7분간 더 익히고,

5

밥에 참기름과 통깨를 넣어 섞고, 양념장을 곁들여 마무리.

5분 버는 스마트 요리법

쌀 대신 즉석밥으로 돼지고기 대신 장조림으로 쉽게 만들어요.

❶ 즉석밥을 전자레인지로 조리하고, 양념장을 만들고,
❷ 김치는 송송 썰고, 돼지고기 대신 장조림을 결대로 찢어 준비하고,
❸ 달군 냄비에 참기름을 넉넉히 두르고 김치를 넣고 볶다가 밥을 넣고 뚜껑을 닫아 중간 불에서 뜸을 들이고,
❹ 5분 뒤 뚜껑을 열어 장조림을 넣어 비비고, 양념장을 곁들여 마무리.

한식일까? 양식일까?
김치치즈밥

김치와 치즈는 상당히 잘 어울리는 재료예요. 둘 다 발효식품이기도 하고,
치즈의 느끼한 맛을 매콤한 김치가 잡아 주지요.
여기에 돼지고기와 새우를 넣어 씹히는 맛을 더했어요.

MONDAY　TUESDAY　WEDNESDAY　THURSDAY　**FRIDAY**　SATURDAY　SUNDAY

필수 재료
쌀 3컵, 배추김치 1½컵,
돼지고기 목살 200g,
슈레드 모차렐라치즈 1컵

선택 재료
칵테일새우 ½컵

밑간
소금 약간, 생강즙 0.5작은술,
후춧가루 약간

소스
스파게티소스 5큰술+고추장 2.5큰술+
핫소스 1작은술

양념
참기름 1작은술

1

쌀은 깨끗이 씻어 30분간 물에 불린 뒤 체에 밭치고, 김치는 속을 털어 송송 썰고,

2

돼지고기는 한입 크기로 썰어 **밑간** 하고,

3

냄비에 참기름을 두르고 돼지고기와 김치 1컵을 넣어 볶다가 쌀을 넣어 볶고,

4

물 2컵을 넣고 위에 **소스**를 바르고 김치와 칵테일새우를 넣고 뚜껑을 덮어 약한 불에서 익히고,
TIP 물이 쌀보다 위로 올라오지 않아요.

5

뜸이 들면 뚜껑을 열고 슈레드 모차렐라치즈를 골고루 뿌리고 다시 뚜껑을 닫아 5분간 약한 불에서 녹여 마무리.

5분 버는 스마트 요리법

Part2 에서 만든 김치볶음밥이 남았다면 소스를 바르고 치즈를 얹어 김치치즈밥을 만들어 보세요.

① 소스에 물 1큰술을 섞고,
② 냄비에 소스 2큰술을 잘 펴 볶음밥을 누르지 않고 푸슬푸슬하게 채우고,
③ 밥 위에 소스를 바르고 치즈를 골고루 뿌려 약 5분간 뚜껑을 덮고 약한 불에서 치즈를 녹여 마무리.

톡톡 터지는 재미있는 식감
뚝배기김치알밥

입안에서 톡톡 터지는 식감이 재미난 알밥에 김치를 넣어 칼칼한 맛을 더했어요.
바쁜 아침에 빠르게 만들 수 있고, 입맛 잃은 아이들의 별식으로도 좋은 메뉴죠.
김치 대신 버섯과 김가루를 더하면 담백하고 깔끔한 맛의 알밥을 만들 수 있어요.

필수 재료
단무지 100g, 냉동새우 10마리,
배추김치 1½컵, 버터 2큰술, 밥 3공기

선택 재료
상추 4장, 날치알 2큰술, 청주 1큰술,
무순 ½팩

김치양념
설탕 0.5작은술, 참기름 1작은술,
통깨 1작은술

소스
마요네즈 2큰술+굴소스 2작은술+
후리가케 1큰술

1

단무지는 도톰하게 다지고, 상추는 채 썰고,

2

날치알과 송송 썬 새우는 청주를 뿌려 물기를 빼고,

3

송송 썬 배추김치에 **김치양념**을 넣어 버무리고, **소스**는 섞어 놓고,
TIP 매콤한 맛을 좋아하면 소스에 시치미 가루 0.5작은술을 넣으면 좋아요.

4

뜨겁게 달군 뚝배기에 버터를 두른 뒤 새우를 넣고 볶다가 밥을 넣고,
TIP 이때 밥은 따뜻하게 준비하세요.

5

따뜻한 밥 위에 소스, 양념한 김치, 단무지를 올려 뚜껑을 닫아 중간 불로 2분간 상추, 날치알, 무순을 올려 마무리.

건강이 보이는 담백한 솥밥
더덕솥밥

정말 간단하게 만들 수 있고 건강에도 좋은 솥밥이에요.
더덕의 은은한 향과 재료 그대로의 맛을 살리기 위해
간을 최소화하고 자극적인 양념장은 곁들이지 않아요.

쇠고기무침 185p

| MONDAY | TUESDAY | WEDNESDAY | THURSDAY | **FRIDAY** | SATURDAY | SUNDAY |

필수 재료
더덕 5뿌리, 표고버섯 4개,
당근 ½개, 브로콜리 ½개, 밥 4공기

선택 재료
청양고추 1개, 풋고추 1개

더덕양념
다진 잣 3큰술+소금 0.5작은술+참기름 1큰술

양념
소금 0.5작은술+참기름 1큰술

1

손질한 더덕에 **더덕양념**을 넣어 무치고,

2

표고버섯, 당근, 브로콜리는 도톰하게 다지고, 고추는 곱게 다지고,

3

달군 냄비에 참기름 1큰술을 두르고 표고버섯, 당근, 브로콜리를 볶다가 소금 0.5작은술으로 간한 뒤 마지막에 고추를 넣어 살짝 볶고,
TIP 채소는 센 불에서 재빨리 볶아야 색이 변하지 않아요.

4

냄비에 밥을 넣고 물 4큰술을 뿌리고 볶은 채소와 양념한 더덕을 가지런히 펴 담고 뚜껑을 닫아 중약 불에서 10분 간 익혀 마무리.
TIP 뚜껑을 들이듯 바닥에서 타닥타닥 소리가 나면 불을 끄고 주걱으로 살살 섞어 담아요.

몸에 좋은 버섯에 견과류까지
버섯영양솥밥

버섯은 향이 좋고 칼로리는 낮으면서 식이섬유가 많아 다이어트에 좋은 식품이죠.
버섯은 달군 팬에 기름 없이 볶아 수분을 날리고
밥을 하면 쫄깃한 식감이 더욱 좋아져요.

MONDAY　TUESDAY　WEDNESDAY　THURSDAY　**FRIDAY**　SATURDAY　SUNDAY

필수 재료
쌀 1½컵, 찹쌀 ½컵, 표고버섯 3개,
은행 20개

선택 재료
새송이버섯 1개, 느타리버섯 ½팩,
애느타리버섯 ½팩, 잣 ½컵,
다시마육수 2컵(만드는 법 82p)

양념장
진간장 3큰술+국간장 0.5큰술+
다진 마늘 0.5작은술+참기름 2큰술+
깨소금 1큰술

1

쌀과 찹쌀은 깨끗이 씻어서 물에 30분간 불려 체에 밭쳐 물기를 빼고, **양념장**은 만들고,

2

새송이버섯, 표고버섯은 도톰하게 한입 크기로 자르고, 느타리버섯, 애느타리버섯은 손으로 찢고,

3

은행은 팬에 볶아 껍질을 제거하고, 잣은 고깔을 떼고,

4

냄비에 불린 쌀과 재료를 모두 섞어 다시마육수 2컵를 넣고 센 불에서 끓이면 약불로 줄여 10분간 익혀 밥을 지어 잘 섞은 뒤 양념장을 곁들여 마무리.

TIP 압력솥에 하면 다소 질척해져 고슬고슬한 맛이 덜해요.

밥 반, 채소 반
채소솥밥

채소를 듬뿍 넣어 탄수화물 함량은 줄이고
다른 영양소를 더한 건강 솥밥이에요. 서로 다른 향과 식감을 가진 채소지만
한 솥에서 익혀 주면 재료들이 오묘하게 잘 어우러진답니다.
연근이나 고구마 등으로 대체해도 좋지만 우엉과 표고버섯은
꼭 들어가야 깊은 맛이 나요.

필수 재료
쌀 2½컵, 우엉 ½대, 표고버섯 4개

선택 재료
감자 1개, 당근 ¼개, 밤 4개,
영양부추 20g, 은행 8개

양념
청주 1큰술, 간장 2작은술

양념장
진간장 3큰술+국간장 0.5큰술+
들기름 2큰술+후춧가루 약간+통깨 2작은술

1

쌀은 깨끗이 씻어 30분간 물에 불린 뒤 체에 밭치고, 부추는 잘게 다져 **양념장**과 섞고,

2

우엉은 껍질을 벗겨 어슷 썰고, 감자는 껍질을 벗겨 작게 주사위모양으로 썰고, 표고버섯은 채 썰고,

3

당근은 짧게 채 썰고, 밤은 2등분하고, 영양부추는 송송 썰고, 은행은 팬에 구워 껍질을 제거하고,

4

냄비에 불린 쌀을 담고 채소를 올린 뒤 청주, 간장, 물 2½컵을 넣고 뚜껑을 덮어 센 불에서 익히다 밥물이 끓으면 약한 불로 줄여 10분간 뜸들여 양념장을 곁들여 마무리.

TIP 영양부추 대신 쪽파나 다진 양송이버섯을 넣어도 좋아요.

한 해 건강을 비는
오곡밥

오곡밥은 찹쌀, 찰수수, 팥, 차조, 검은콩 등
다섯 가지 이상의 곡식을 넣은 건강밥이에요.
곡식마다 익는 시간이 다르기 때문에 단단한 팥은 미리 삶아 준비하는 게 좋아요.

더덕생채 189p.

MONDAY　TUESDAY　WEDNESDAY　THURSDAY　**FRIDAY**　SATURDAY　SUNDAY

필수 재료
찹쌀 1½컵, 쌀 1½컵, 팥 ½컵

선택 재료
차조 ½컵, 서리태 ½컵, 차수수 ½컵,
팥 삶은 물 1컵

양념
소금 2작은술

1
찹쌀과 쌀, 차조는 깨끗이 씻어서 30분간 물에 불린 뒤 체에 밭치고,

2
팥은 반나절 불린 뒤 냄비에 넉넉히 물을 붓고 끓으면 물을 버리고, 다시 물을 넉넉히 붓고 10분 정도 끓여 체에 밭치고, 팥 삶은 물 1컵은 남기고,
TIP 첫물을 버리는 이유는 팥에 설사를 일으키는 사포닌 성분을 빼기 위해서예요.

3
서리태와 차수수는 각각 1시간 동안 불린 뒤 각각 냄비에 넣고 한 번씩 끓여 체에 건져두고,

4
냄비에 모든 곡물과 물 2컵, 팥 삶은 물 1컵, 소금을 넣어 섞고 센 불에서 익히다 밥물이 끓으면 약한 불로 줄여 15분 정도 뜸을 들여 마무리.
TIP 다른 밥보다 뜸을 조금 더 들이는 게 좋아요.

찬바람 불면 생각나는 겨울별미
무굴밥

바다의 향이 고스란히 느껴지는 굴을 듬뿍 넣고 시원한 무를 더한 무굴밥이에요.
겨울철이면 꼭 한번 만들어 먹게 되는 별미이기도 하죠.
큼직한 양식용 굴보다 자잘한 자연산 굴을 넣어야 향도 더 진하고 탱글탱글한 식감도 좋아요.

콩나물파채무침 185p

| MONDAY | TUESDAY | WEDNESDAY | THURSDAY | **FRIDAY** | SATURDAY | SUNDAY |

필수 재료
쌀 2컵, 무 300g, 굴 300g

선택 재료
영양부추 50g,
멸치다시마육수 2컵(만드는 법 82p)

양념장
고춧가루 0.5큰술+간장 3큰술+
매실청 0.5큰술+
멸치다시마육수 2큰술(만드는 법 82p)+
참기름 1큰술+통깨 1큰술

1

쌀은 깨끗이 씻어 30분 간 불린 뒤 체에 밭치고, **양념장**을 만들어 송송 썬 영양부추를 넣어 섞고,
TIP 양념장에 영양부추 대신 달래를 넣어도 좋아요.

2

무는 5cm로 도톰하게 채 썰고, 굴은 소금물에 흔들어 씻어 건지고,

3

냄비에 불린 쌀을 담고 채 썬 무를 펼쳐 올린 뒤 멸치다시마육수 2컵를 붓고 뚜껑을 닫아 끓으면 약한 불로 줄여 뜸을 들이고,

4

10분 후 굴을 올리고 다시 뚜껑을 닫아 5분 정도 익힌 뒤 불을 끈 상태로 5분 더 뜸을 들이고 양념장을 곁들여 마무리.

핑크색의 예쁜 솥밥
해물솥밥

각종 해산물과 문어를 넣어 밥을 지으면 연한 핑크빛 도는 아주 예쁜 밥이 완성돼요. 요즘 마트에 가면 자숙문어를 쉽게 만날 수 있어요. 솥밥을 하고 남은 문어는 얇게 저며 양파, 오이, 미역을 넣고 초무침을 하면 곁들여 먹는 반찬이 돼요.

MONDAY | TUESDAY | WEDNESDAY | THURSDAY | **FRIDAY** | SATURDAY | SUNDAY

필수 재료
쌀 3컵, 자숙문어 300g

선택 재료
말린 홍합 12개, 껍질 있는 대하 3~4마리,
다시마 1장=10×10cm, 생강 3톨

밥 양념
다시마육수 3컵(만드는 법 82p),
간장 1큰술, 맛술 1큰술,
청주 2큰술, 소금 1작은술

1

쌀은 깨끗이 씻어 30분간 물에 불린 뒤 체에 받치고, 말린 홍합은 3~4번 물에 씻어 4시간가량 물에 불려 준비하고.
TIP 불린 홍합은 끓는 물에 소주나 청주를 넣고 가볍게 데치면 더욱 깔끔하게 사용할 수 있어요.

2

자숙문어는 얇게 저미고, 대하는 수염을 떼고 깨끗이 손질하고.

3

무쇠솥에 불린 쌀, 문어, 불린 홍합, 대하, 다시마, **밥 양념**을 넣어 센 불에서 12분 정도 끓이다가 중약 불로 10분간 두고 약불에서 5분 정도 뜸들이고.

4

생강은 곱게 채 썰어 물에 한 번 씻어 완성된 밥에 올려 마무리.

5분 버는 스마트 요리법

해물솥밥을 만들고 남은 자숙문어는 새콤한 폰즈소스를 곁들여 문어초회를 즐겨보세요.

❶ 자숙문어는 얇게 저미고,
❷ 오이는 얇게 채 썰고,
❸ 그릇에 자숙문어와 오이채를 담고 시판 폰즈소스를 곁들여 마무리.

타우린과 미네랄이 풍부한
홍합밥

제철인 겨울에만 홍합밥을 만들어 먹을 수 있는 건 아니에요.
말린 홍합을 충분히 불려 그 육수를 사용하면
사시사철 진한 홍합의 맛을 그대로 살린 홍합밥을 만들 수 있답니다.

필수 재료
쌀 3컵, 말린 홍합 150g

선택 재료
당근 ¼개, 영양부추 50g

양념장
고춧가루 1작은술+간장 5큰술+
다진 마늘 1작은술+참기름 1큰술+통깨 1큰술

양념
참기름 1큰술

1

쌀은 깨끗이 씻어 30분간 물에 불린 뒤 체에 밭치고, 말린 홍합은 3~4번 물에 씻어 4시간가량 물에 불려 준비하고,

2

당근과 영양부추는 다지고, **양념장**을 만들어 영양부추를 넣어 섞고,

3

냄비에 참기름을 두르고 쌀과 불린 홍합을 넣고 쌀이 반투명해질 때까지 볶고,

4

물 3컵을 넣어 끓기 시작하면 당근을 넣고 중간 불로 줄여 10분간 뜸을 들이고,

5

밥을 고루 섞어 양념장을 곁들여 마무리.

일상에 지친 당신을 위한
전복영양밥

전복으로 죽만 끓여 드셨다면 이번엔 밥을 한번 지어보세요.
내장도 함께 넣어 밥을 지으면 고소한 냄새만으로도 침이 고인답니다.
전복을 넣어 폼나면서 만들기도 쉬운 고마운 별미밥이에요.

MONDAY　TUESDAY　WEDNESDAY　THURSDAY　**FRIDAY**　SATURDAY　SUNDAY

필수 재료
쌀 2½컵, 전복 중간 크기 4마리

선택 재료
멸치다시마육수 3컵(만드는 법 82p),
대추 4개, 은행 10개

양념장
설탕 0.5작은술+고춧가루 1작은술+
간장 3큰술+
멸치다시마육수 2큰술(만드는 법 82p)+
식초 0.5큰술+통깨 0.5큰술

양념
참기름 1.5큰술, 간장 2작은술, 청주 1큰술

1

쌀은 깨끗이 씻어 30분간 물에 불린 뒤 체에 밭치고, **양념장**은 섞고,

2

전복은 깨끗이 씻어 내장과 살 부분을 분리해 살 부분은 저며 썰고, 멸치다시마육수에 전복 내장 3개를 넣고 곱게 갈아 전복내장육수를 만들고,
TIP 수저로 전복 가장자리를 들어 올리듯 떼어내고 뾰족한 입부분도 떼어내요.

3

대추는 돌려 깎아 도톰하게 썰고, 은행은 껍질을 벗기고,

4

달군 뚝배기에 참기름을 두르고 전복과 불린 쌀을 넣어 볶다가 쌀알이 투명해지면 대추와 은행을 넣어 뒤적이고,

5

전복내장육수, 간장, 청주를 넣고 가볍게 저은 뒤 뚜껑을 닫고 밥물이 끓으면 불을 약하게 줄여 뜸을 들이고 양념장을 곁들여 마무리.

5분 버는 스마트 요리법

살아 있는 전복의 손질이 어렵다면 찜통에 쪄서 만들어 주세요.

① 전복은 깨끗이 씻어 찜통에 올린 뒤 청주를 뿌려 찌고,
TIP 찐 전복은 전복뚜껑에서 쉽게 분리돼요.
② 내장과 분리한 전복은 입 부분을 제거한 뒤 저며 썰고,
③ 달군 팬에 참기름을 두르고 쌀과 내장을 넣어 볶다가 쌀알이 투명해지면 대추와 은행을 넣어 뒤적이고,
④ 멸치다시마육수, 간장, 청주를 넣고 가볍게 저어 끓이다 밥물이 끓으면 저민 전복을 올리고 뜸을 들여 양념장을 곁들여 마무리.

가을무로 만들어 보세요
쇠고기무밥

단맛이 제일 많이 든다는 가을무로 만들면 어느 때보다 더욱 맛있게 먹을 수 있는 쇠고기무밥이에요.
쇠고기는 보통 간장으로 밑간을 하지만 무밥엔 소금으로 간을 해야 밥이 너무 시커멓게 되지 않아요.

MONDAY TUESDAY WEDNESDAY THURSDAY **FRIDAY** SATURDAY SUNDAY

필수 재료
쌀 2½컵, 다진 쇠고기 300g, 무 400g

선택 재료
다시마육수 1¾컵

밑간
소금 1작은술, 맛술 1큰술,
다진 마늘 1작은술, 깨소금 1작은술,
후춧가루 약간, 들기름 1작은술

양념장
쪽파 2대+고춧가루 0.5큰술+
간장 3큰술+매실청 0.5큰술+
멸치다시마육수 2큰술(만드는 법 82p)+
참기름 1큰술+통깨 1큰술

양념
들기름 1큰술

1

쌀은 깨끗이 씻어 30분간 물에 불린 뒤 체에 밭치고, 다진 쇠고기는 **밑간** 하고,

2

무는 0.3cm 두께로 채 썰고, 쪽파는 송송 썰어 **양념장**을 만들고,
TIP 쇠고기무밥은 밥 색이 짙어지지 않도록 고기의 간을 소금으로 맞춰요.

3

냄비에 들기름을 두르고 무를 넣어 3분간 볶고,

4

불린 쌀, 쇠고기, 다시마육수를 넣고 뚜껑 닫아 익히고, 끓어오르면 불을 약하게 줄여 10분간 뜸을 들이고,

5

밥을 고루 섞고 양념장을 곁들여 마무리.

5분 버는 스마트 요리법

쇠고기무밥이 남았다면 멸치다시마육수를 더 넣고 폭폭 끓여 쇠고기죽을 만들어 보세요. 무가 들어가 소화 잘되는 든든한 쇠고기죽이 뚝딱 만들어져요.
① 쇠고기무밥 2컵에 멸치다시마육수 3컵를 조금씩 부어가며 끓이고,
② 국간장으로 색을 내고 모자라는 간은 소금으로 맞추고,
③ 곱게 다진 잣을 뿌려 마무리.

PLUS RECIPE

영양밥과 어울리는 초간단 밑반찬 4종

담백하면서도 몸에 좋은 재료가 듬뿍 들어간 영양밥에는
입안을 정리해주는 깔끔하고 간단한 반찬이 잘 어울리죠.
즉석에서 뚝딱 만들 수 있는 초간단 밑반찬을 소개해 드려요.

버섯들깨무침

쫄깃한 버섯을 고소한 들깻가루로 무친 간단 밑반찬이에요.

재료 느타리버섯 1팩, 풋고추 1개, 소금 1작은술
양념 들깻가루 2큰술, 액젓 1작은술, 다진 파 1큰술, 다진 마늘 1작은술, 된장 ½큰술, 들기름 1큰술

1. 느타리버섯은 가닥가닥 떼어서 끓는 물에 소금을 넣고 데쳐 찬물에 헹궈 꼭 짜고.
2. 풋고추는 송송 썰고.
3. **양념**을 섞어 데친 버섯, 고추를 넣고 버무려 마무리

쇠고기김무침

쇠고기 대신 시금치나 콩나물을 넣어도 좋아요. 밥에 비벼 색다르게 주먹밥으로 즐겨보세요.

재료 쇠고기 70g, 재래김 7장, 쪽파 4대
고기밑간 설탕 0.5작은술, 간장 0.5큰술, 다진 파 1작은술, 다진 마늘 1작은술, 참기름 1작은술, 후춧가루 약간
쪽파밑간 참기름 0.5작은술, 깨소금 0.5작은술
양념장 간장 1큰술+물엿 2큰술+참기름 1큰술

1. 쇠고기는 칼로 도톰하게 다져 **고기밑간**으로 양념해 10분간 재운 뒤 팬에 국물 없이 볶아 덜어두고,
2. 김은 마른 팬에 바삭하게 구워 작게 찢고,
3. 쪽파는 소금물에 데쳐 찬물에 헹군 뒤 꼭 짜서 3cm 길이로 썰어 **쪽파밑간**으로 양념하고,
4. 볶은 쇠고기, 양념한 쪽파와 김에 **양념장**을 넣고 버무려 마무리.

콩나물파채무침

가벼운 밑반찬으로도 좋고 구운 고기와 함께 싸먹으면 더욱 맛있어요.

재료 대파 2대, 콩나물 300g, 참기름 1큰술
양념장 설탕 약간+소금 1작은술+고춧가루 1.5큰술+간장 0.5큰술+다진 마늘 0.5큰술+통깨 1큰술

1. 대파는 3등분해 길게 칼금을 내 심을 도려내고 채 썰어 얼음물에 담갔다가 물기를 빼고,
2. 콩나물은 끓는 물에 삶아 찬물에 헹궈 체에 밭쳐 물기를 빼고,
3. 콩나물에 **양념장**을 넣고 버무린 뒤 대파와 참기름을 넣고 가볍게 한 번 더 버무려 마무리.

더덕생채

부드럽게 자근자근 두드려 잘게 찢어 무치면 더덕 향이 그대로 살아 있는 더욱 맛있는 고급반찬이 된답니다.

재료 더덕 180g
양념장 설탕 1작은술+고춧가루 0.5큰술+식초 1큰술+매실청 1큰술+다진 파 1큰술+다진 마늘 1작은술+고추장 3큰술+물엿 1큰술+통깨 1큰술

1. 더덕은 껍질을 벗겨 물에 한 번 헹군 뒤 반으로 갈라 비닐팩에 넣고 밀대로 두드려 가며 펴서 결대로 찢고,
2. **양념장**을 섞고,
3. 손질한 더덕을 넣고 버무려 마무리.

SATURDAY

멸치깻잎쌈밥 202p
김치김밥 190p
달걀말이김밥 188p
오이게살초밥 198p

PART 7
토요일엔 한입 주먹밥

오니기리 210p

*모든 요리는 4인분 기준입니다.

노란 옷을 입은
달걀말이김밥

심심한 김밥에 달걀옷을 입혀 개성 넘치는 달걀김밥으로 만들었어요. 어렵게 지단 부칠 필요 없고, 속재료는 취향에 맞게 넣어 먹어요.

MONDAY　TUESDAY　WEDNESDAY　THURSDAY　FRIDAY　**SATURDAY**　SUNDAY

필수 재료
달걀 5개, 햄 200g, 단무지 3줄,
밥 2공기, 김 3장

선택 재료
부추 100g

밥양념
소금 0.5작은술, 통깨 0.5큰술, 참기름 1작은술

양념
소금 약간

1

달걀은 풀어서 소금 약간으로 간하고, 부추는 끓는 물에 소금 약간 넣고 데쳐 찬물에 헹궈 물기를 빼고.
TIP 부추는 끓는 물에 넣고 한 번 정도 휘저은 뒤 바로 꺼내요.

2

햄과 단무지는 가늘게 썰어 준비하고, 따뜻한 밥에 **밥양념**을 넣어 버무리고.

3

김은 ⅔크기로 잘라 밥을 펴고, 단무지, 햄, 부추를 올려 돌돌 말고.

4

달군 팬에 식용유 1큰술를 두르고 달걀물을 부어 얇게 편 뒤 김밥을 올리고 돌돌 말아 한입 크기로 썰어 마무리.
TIP 달걀옷이 풀릴 것 같을 땐 김밥 위에 올려 돌돌 말아 잠시 두면 좋아요.

단무지 대신 김치가 쏙
김치김밥

김치김밥의 맛을 좌우하는 건 뭐니 뭐니 해도 김치인데요. 김치가 적당히 익었을 때 소를 털어내고 길게 찢어 양념해 단무지 대신 넣고, 짭조름한 스팸과 함께 돌돌 말았어요. 김치와 오이가 아삭함을 더해 주네요.

MONDAY **TUESDAY** **WEDNESDAY** **THURSDAY** **FRIDAY** **SATURDAY** **SUNDAY**

필수 재료
오이 1개, 김치 큰 잎 2장, 김 4장, 밥 4공기

선택 재료
달걀 2개, 당근 1개, 어묵 1장, 통조림 햄 ½캔

양념
통깨 약간, 소금 약간

김치양념
설탕 0.5작은술, 들기름 0.5큰술, 통깨 1작은술

밥양념
소금 1작은술, 통깨 1큰술, 참기름 0.5큰술

1 오이는 채 썰어서 통깨 약간를 넣어 섞고, 김치는 흐르는 물에 살짝 씻어 꼭 짜 길게 찢어 **김치양념**으로 무치고,

2 팬에 식용유 약간를 두르고 지단을 부쳐 도톰하게 썰고,

3 당근은 채 썰어 볶고,

4 어묵과 통조림 햄은 도톰하게 썰어 팬에 각각 식용유 약간를 둘러가며 소금 약간 넣어 볶고,

5 김발에 김을 올리고 밥은 **밥양념**해 깔고 가운데에 모든 재료를 놓고 돌돌 말아 먹기 좋은 크기로 잘라 마무리.

5분 버는 스마트 요리법

김치전이 남았다면 길게 썰어 김밥 속재료로 넣어 보세요. 쫄깃한 반죽과 아삭한 김치가 씹혀 색다른 김밥을 즐길 수 있어요.

❶ 김치전은 길게 썰어 놓고, 햄은 채 썰어 끓는 물에 데치고,
❷ 김에 양념한 밥을 올리고 김치전, 햄, 단무지를 올려 돌돌 말아 먹기 좋은 크기로 잘라 마무리.

톡 쏘는 고추냉이가 포인트
고추냉이참치마요김밥

고소한 참치김밥에 아삭한 오이채를 넉넉히 넣고
깻잎으로 향긋함을 살렸어요.
여기에 톡 쏘는 고추냉이를 더하면
참치의 느끼한 맛을 잡아 주죠. 고추냉이 대신
잘게 썬 청양고추를 넣어도 매콤하니 좋아요.

MONDAY　TUESDAY　WEDNESDAY　THURSDAY　FRIDAY　**SATURDAY**　SUNDAY

필수 재료
통조림 참치 1캔, 김 4장, 밥 3½공기,
깻잎 8장, 고추냉이 2큰술

선택 재료
달걀 4개, 사각어묵 1장, 오이 1개,
당근 ½개, 우엉조림 4줄, 단무지 4줄

참치양념
설탕 0.5작은술, 소금 약간,
레몬즙 0.5작은술, 마요네즈 5큰술

밥양념
소금 1작은술, 통깨 1큰술, 참기름 0.5큰술

1

통조림 참치는 체에 밭쳐 기름을
완전히 제거해 **참치양념**으로
버무리고,

2

달걀은 지단을 부쳐 도톰하게 썰고,
어묵도 1cm 두께로 썰어
식용유 약간를 두른 팬에 볶고,

3

오이와 당근은 채 썰고, 당근은 끓는
물에 살짝 데쳐 식히고,

4

김발 위에 김을 올리고, 밥은 **밥양념**
과 섞어 김의 ¾정도 얇게 펴 깻잎 2장
을 나란히 얹은 뒤 고추냉이를 길게
바르고 참치샐러드를 올리고,
TIP 고추냉이는 깻잎 위에 일자로 가늘게
짜 주세요.

5

깻잎을 마주 덮고 달걀지단, 어묵,
오이채, 당근채, 우엉조림, 단무지를
올려 돌돌 만 뒤 한입 크기로 썰어
마무리.

5분 버는 스마트 요리법

참치는 있는데 다른 부재료가 없다면 삼각김밥을 만들어요.
① 통조림 참치는 체에 밭쳐 기름을 완전히 제거한 뒤 참치양념으로 버무리고,
② 양념한 밥을 한 줌 잡고 통조림 참치를 올리고 고추냉이를 살짝 넣은 뒤 감싸
　삼각형으로 뭉치고,
③ 주먹밥에 김을 붙여 마무리.

불고기와 치즈는 최고의 궁합
불고기치즈김밥

그냥 먹어도 맛있는 불고기와 고소한 치즈가 들어가
자꾸 손이 가는 불고기치즈김밥이에요.
단무지 대신 아삭한 무장아찌를 넣었더니 불고기 맛과 아주 잘 어울리네요.
나들이 갈 때 김밥을 유산지에 사탕모양으로 포장해 가면
젓가락 없이 입에 쏙쏙 넣어 먹을 수 있어요.

MONDAY　TUESDAY　WEDNESDAY　THURSDAY　FRIDAY　**SATURDAY**　SUNDAY

필수 재료
쇠고기 불고기용 300g, 무장아찌 100g,
김 4장, 밥 3½공기, 상추 4~6장,
슬라이스치즈 4장

불고기밑간
설탕 1큰술, 간장 2.5큰술, 맛술 1큰술,
다진 파 2큰술, 다진 마늘 0.5큰술,
참기름 1작은술, 후춧가루 약간

밥양념
소금 1작은술, 통깨 1큰술, 참기름 0.5큰술

1

쇠고기는 **불고기밑간**에 10분간 재우고,
TIP 쇠고기는 미리 키친타월에 올려 핏물을 제거 한 뒤 사용해요.

2

달군 팬에 양념한 불고기를 넣고 국물 없이 볶아 식히고,

3

무장아찌는 채 썰어 찬물에 담가 짠맛을 뺀 뒤 꼭 짜고,

4

김발에 김을 올리고, 밥은 **밥양념**과 섞어 ⅔정도 얇게 편 뒤 상추와 치즈를 반 잘라 올리고 불고기와 무장아찌를 넣고,

5

말아 먹기 좋은 크기로 썰어 마무리.

만들기도, 먹기도 쉬운 롤
연어통조림롤

통조림 참치만큼이나 인기 있는 통조림 연어로 손쉽게 만들어
폼 나게 차려 낼 수 있는 롤을 만들어 보세요.
연어와 잘 어울리는 케이퍼를 넣어 샐러드를 만들고 밥은 간단히 돌돌 말기만 하면 끝.
혼자 먹는 점심으로도 좋지만 친한 친구들과 함께하는 간단한 식사에 내도 근사해요.

MONDAY　TUESDAY　WEDNESDAY　THURSDAY　FRIDAY　**SATURDAY**　SUNDAY

필수 재료
통조림 연어 2캔, 케이퍼 4큰술, 김 4장,
밥 4공기

연어양념
설탕 1작은술, 레몬즙 2큰술, 핫소스 1작은술,
마요네즈 4큰술, 백후춧가루 약간

밥양념
후리가케 4큰술, 소금 약간, 참기름 2큰술

간편하게 시판제품★
후리가케는 이 제품을 사용
했어요.

1

통조림 연어는 체에
밭쳐 기름을 빼고,
TIP 통조림국물은 남김없이
따라내야 맛이 깔끔해요.

2

케이퍼는 굵게 다지고,

3

연어와 케이퍼에
연어양념을 넣고
버무리고,

4

김발에 김을 올리고,
밥에 **밥양념**을 해 김
위에 펴 돌돌 말아
도톰하게 썬 뒤 양념한
연어를 올려 마무리.

상큼하면서도 칼칼하게
오이게살초밥

오이, 게살, 마요네즈는 궁합이 참 좋은데요.
아삭하면서도 상큼한 오이가 게살과 만나 맛이 풍부해지고
마요네즈가 고소함을 더한답니다.
여기에 시치미를 약간 뿌려 칼칼한 맛을 즐겨도 좋아요.

MONDAY　TUESDAY　WEDNESDAY　THURSDAY　FRIDAY　**SATURDAY**　SUNDAY

필수 재료
오이 1개, 게맛살 50g, 밥 2공기

선택 재료
셀러리 20g, 날치알 2큰술, 청주 1큰술

배합초
식초 4큰술, 설탕 2큰술, 소금 1큰술

양념
설탕 1작은술, 소금 약간,
시치미 1작은술, 마요네즈 ½컵,
플레인요구르트 1큰술

1

배합초는 끓여 설탕이 녹으면 식히고,
오이는 필러로 길게 자르고,

2

게맛살은 손으로 잘게 찢고,
셀러리는 다지고,

3

날치알은 청주를 뿌려 체에 밭치고,

4

양념을 만들어 게맛살, 셀러리,
날치알을 섞고,
TIP 시치미 대신 고춧가루를 써도 좋아요.

5

뜨거운 밥에 배합초 1큰술를 섞어
초밥모양으로 만들고 오이로 돌돌
말아 게맛살양념을 올려 마무리.

김 대신 묵은지로 돌돌 말아요
묵은지초밥

묵은지를 깨끗이 씻어 김 대신 말아 만든 초밥이에요.
오이, 게맛살, 단무지, 날치알만 넣어
묵은지 초밥의 깔끔한 맛을 살렸어요.
날치알의 톡톡 터지는 식감이 아삭한 김치와 잘 어우러져요.

| MONDAY | TUESDAY | WEDNESDAY | THURSDAY | FRIDAY | **SATURDAY** | SUNDAY |

필수 재료
묵은지 12장, 오이 1개, 단무지 140g,
게맛살 4줄, 밥 4공기

선택 재료
날치알 2큰술, 고추냉이 1작은술

단무지양념
시치미가루 1작은술, 맛술 1작은술,
가쓰오부시 약간

배합초
설탕 2큰술, 소금 0.5큰술, 식초 4큰술

1.

물에 헹군 묵은지는 얇게 저미고, 오이와 단무지는 얇게 채 썰고, 맛살은 가늘게 찢고, 날치알은 해동하고,

2

단무지는 **단무지양념**으로 버무리고,

3

배합초는 끓여 설탕이 녹으면 식히고,

4

김발 위에 묵은지를 겹쳐 올린 뒤 뜨거운 밥에 배합초 1큰술를 섞어 펼치고 오이채, 게맛살, 단무지무침, 날치알을 올려 돌돌 말아 한입 크기로 썰어 마무리.
TIP 묵은지를 당기면서 말아야 밥이 빠지지 않아요.

5분 버는 스마트 요리법

모든 재료를 다져서 주먹밥으로 만들어도 좋아요.

① 묵은지, 오이, 게맛살, 단무지는 잘게 다지고,
   짜지 않도록 김치의 수량은 조금 줄여 주세요.

② 배합초는 끓여 설탕이 녹으면 식혀 밥에 넣고 나머지 재료와 함께 버무리고 동그랗게 뭉쳐 마무리.

매콤짭짤한 멸치장을 얹어 먹는
멸치깻잎쌈밥

멸치와 고추를 다져 조린 멸치장은 밥도둑이라 불릴 만큼 감칠맛이 좋은데요. 특히 향긋한 깻잎으로 쌈밥을 만들어 얹어 먹으면 소박한 듯 구수한 맛이 일품이죠.

MONDAY　TUESDAY　WEDNESDAY　THURSDAY　FRIDAY　**SATURDAY**　SUNDAY

필수 재료
깻잎 24장, 밥 4공기

멸치장
조림용 멸치 1컵, 풋고추 8개, 청양고추 2개,
붉은 고추 1개, 국간장 1큰술, 멸치액젓 1큰술,
참기름 1큰술

1  깻잎은 김 오른 찜통에 3분간 쪄서 식히고,

2  믹서에 손질한 멸치, 풋고추, 청양고추, 붉은 고추를 넣어 입자 있게 갈고,
TIP 너무 곱게 갈면 죽처럼 되니 입자가 있게 갈아 주세요.

3  냄비에 간 재료를 넣고 국간장, 멸치액젓, 물1컵을 넣어 국물이 반쯤 남을 만큼 졸인 뒤 참기름을 넣어 **멸치장**을 만들고,

4  밥을 한입 크기로 뭉쳐 데친 깻잎으로 감싸고 졸인 멸치장을 얹어 마무리.

5분 버는 스마트 요리법

집에 깻잎장아찌와 잔멸치볶음이 남았다면 초간단 쌈밥을 만들어 보세요.

① 밥에 잔멸치볶음을 섞어 한입 크기로 뭉치고,
② 깻잎장아찌 위에 주먹밥을 올려 감싸 마무리.
장아찌가 짜니까 밥은 좀 삼삼하게 간을 맞추세요.

양념한 갈치속젓으로 맛내요
양배추쌈밥

갈치속젓은 김치에 액젓 대신, 고기 먹을때 쌈장 대신 사용할 만큼 감칠맛이 좋은데요. 양배추쌈에 올려 먹으면 밥도둑이 따로 없어요. 주재료인 양배추는 무르지 않고 아삭하게 데치는 게 관건이랍니다.

MONDAY　TUESDAY　WEDNESDAY　THURSDAY　FRIDAY　**SATURDAY**　SUNDAY

필수 재료
양배추 ½통, 밥 4공기

선택 재료
양파 ¼개, 청양고추 2개, 붉은 고추 1개

양념장
갈치속젓 ½컵+다진 파 2큰술+
다진 마늘 0.5큰술+참기름 1작은술+
통깨 1큰술

1
양파는 곱게 다지고, 청양고추와 붉은 고추는 송송 썰고,

2
양념장에 다진 양파, 청양고추, 붉은 고추를 섞어 갈치속젓양념을 완성하고,

3
양배추는 한 잎씩 떼어 끓는 물에 데쳐 4등분하고,
TIP 양배추는 전자레인지에 돌리거나 찜통에 넣고 쪄도 좋아요.

4
밥을 동그랗게 뭉쳐 양배추로 감싸고 갈치속젓양념을 올려 마무리.

아이들이 좋아하는 주먹밥
떡갈비주먹밥

속이 궁금해 아이들이 더 좋아하는 주먹밥이에요. 시판 떡갈비를 잘게 다져 밥 안에 넣고 김가루를 겉에 묻혀 아이들의 호기심을 자극하죠. 컵에 쏙 넣어 먹기도 편하고, 반찬이 따로 필요 없어 바쁜 아침 아이들의 아침밥으로도 아주 훌륭해요.

MONDAY　TUESDAY　WEDNESDAY　THURSDAY　FRIDAY　**SATURDAY**　SUNDAY

필수 재료
단무지 60g, 시판 떡갈비 8개, 밥 4공기,
조미 김가루 2컵

밥양념
소금 1작은술, 통깨 1큰술, 참기름 1작은술

1

단무지는 곱게 다지고,

2

달군 팬에 식용유 약간를
두르고 떡갈비를 구운
뒤 작게 깍둑 썰고,
TIP 키친타월에 올려 기름기
를 빼서 사용하세요.

3

밥에 다진 단무지와
밥양념을 넣어 섞고,

4

밥을 둥글넓적하게 빚어
구운 떡갈비를 넣고
동글게 뭉쳐 조미
김가루에 굴려 마무리.

짭조름한 명란을 품은
명란새우무스비

부드러운 달걀에 톡톡 터지는 명란젓을 듬뿍 넣고 탱글탱글 새우와
매콤한 청양고추까지 다져 넣어 부치면
반찬으로도 손색없는 명란새우달걀부침이 되는데요.
무스비 모양으로 만들어 간단하고 스팸 대신 다른 식재료로 색다르게 즐길 수 있어요.

MONDAY　TUESDAY　WEDNESDAY　THURSDAY　FRIDAY　**SATURDAY**　SUNDAY

필수 재료
명란젓 2쪽, 새우 ½컵, 달걀 5개,
김 4장, 밥 3공기

선택 재료
청양고추 2개

밥양념
소금 1작은술, 통깨 1큰술, 참기름 1작은술

1
명란젓은 속만 발라내고, 새우와 청양고추는 잘게 다지고, 달걀을 풀어 손질한 재료를 섞고,

2
팬에 식용유 약간를 두르고 달걀물을 부어 도톰하게 앞뒤로 익히고,

3
밥은 **밥양념**을 넣어 섞고, 스팸통에 맞춰 달걀부침과 김을 잘라 김→양념한 밥→달걀부침→양념한 밥 순으로 넣어 김으로 감싸고,

4
먹기 좋은 크기로 잘라 마무리.
TIP 달걀부침 위에 마요네즈와 고추냉이를 발라 주면 톡 쏘는 고소함을 더할 수 있어요.

5분 버는 스마트 요리법

명란주먹밥과 국물요리를 함께 먹을 수 있는 요긴한 한 그릇, 명란오차즈케를 만들어 보세요.

① 냄비에 녹차티백4개과 물4컵을 넣고 끓여 준비하고,
② 명란젓은 참기름을 발라 중간 불로 달군 팬에 겉면만 살짝 익혀 모양대로 썰고,
③ 그릇에 밥을 담고 녹찻물을 부은 뒤 구운 명란, 후라가케, 쪽파, 김가루를 올려 마무리.

두 가지 맛을 한 번에
오니기리

일본식 오니기리는 속에 어떤 재료를 넣어도 전부
삼각주먹밥으로 만들 수 있는 마법의 음식 같아요.
취향에 맞게 재료를 넣고 겉은 누룽지처럼 굽는 것이 오니기리의 포인트!
가장 많이 먹는 두 가지 속재료를 넣어 오니기리를 만들어 보세요.

MONDAY　TUESDAY　WEDNESDAY　THURSDAY　FRIDAY　**SATURDAY**　SUNDAY

필수 재료
잔멸치 ½컵, 김 2장, 밥 4공기,
후리가케 18g

선택 재료
슬라이스 아몬드 2큰술, 설탕 0.5작은술

김치참치 재료
김치 ½컵, 통조림 참치 100g,
설탕 0.5작은술, 고추장 1작은술

명란우메보시 재료
명란젓 2개, 우메보시 2개, 통깨 1큰술,
참기름 1큰술

간편하게 시판제품 *
후리가케는 이 제품을 사용했어요.

*우메보시는 일본식 매실장아찌예요.
매실장아찌를 사용해도 좋아요.

1

팬에 기름을 두르지 않고 중약
불에서 잔멸치를 볶다가 노릇해지면
슬라이스 아몬드와 설탕을 넣어
버무리고,

2

김은 4등분하고, 뜨거운 밥에
후리가케를 넣고 섞고,

3

김치오니기리　명란오니기리

팬에 식용유 **약간**를 둘러 **김치참치
재료**를 넣어 볶고, 명란젓은 알만
긁고, 씨를 빼 잘게 다진 우메보시와
통깨, 참기름을 넣어 섞고, 삼각 김밥
틀에 각각 밥을 반정도 깔고
속재료를 넣어 다시 밥으로 덮고,

4

마른 팬에 삼각김밥을 앞뒤로 노릇
하게 굽고,

5

김을 두르고 잔멸치볶음을 올려
마무리.

구수한 맛이 일품
시래기잔멸치주먹밥

소화가 잘되고 식이섬유가 풍부한 시래기와 칼슘이 가득한 잔멸치를 넣어 영양 면에서도 손색이 없는 주먹밥이에요. 맛 또한 담백해서 남녀노소 누구나 좋아하죠.

필수 재료
삶은 시래기 200g, 잔멸치 50g, 밥 3공기

시래기양념
국간장 1큰술, 참치액 1작은술,
다진 마늘 1작은술, 들기름 1큰술

잔멸치양념
간장 1작은술, 올리고당 1큰술

밥양념
소금 약간, 통깨 1큰술

1
삶은 시래기는 찬물에 깨끗이 헹궈 물기를 뺀 뒤 잘게 다지고.

2
시래기양념을 넣고 무친 뒤 식용유 약간를 두른 팬에 중약 불에서 5분간 볶고,

3
잔멸치는 식용유 약간를 두른 팬에 **잔멸치양념**을 넣어 볶고,

4
따뜻한 밥에 볶은 시래기와 잔멸치를 넣고 **밥양념**을 넣어 섞은 뒤 한입 크기로 뭉쳐 마무리.
TIP 들깻가루나 볶은 통들깨를 섞어도 고소해요.

쫀득한 밥 고로케
찹쌀주먹밥튀김

대전의 유명한 빵집의 인기 고로케인데요.
쫀득한 찰밥에 잘 볶은 채소와 햄을 넣고 주먹밥을 만들어 노릇하게 튀겨내요.
케첩을 듬뿍 찍은 고소한 고로케를 즐겨 보세요.

| MONDAY | TUESDAY | WEDNESDAY | THURSDAY | FRIDAY | **SATURDAY** | SUNDAY |

필수 재료
찹쌀 ½컵, 현미찹쌀 1컵, 달걀 2개,
빵가루 2컵

선택 재료
양파 ½개, 햄 60g,
당근 50g, 후리가케 4큰술

1

찹쌀과 현미찹쌀은 깨끗이 씻어 30분
간 불린 뒤 물 2컵을 넣어 밥을 짓고,

2

양파, 햄, 당근은 잘게 다져
식용유 2큰술를 두른 팬에 중간 불로
볶고,

3

찰밥에 볶은 재료와 후리가케를 섞어
동글납작하게 만들고,

4

달걀물→빵가루 순으로 묻히고,

5

170℃의 식용유에 노릇노릇하게
튀겨 마무리.
TIP 낮은 온도에서 튀기면 밥이 기름을 많이
먹어요.

나물반찬 많은 날엔
나물밥전

명절이 지난 후 남아도는 나물반찬으로 고추장 듬뿍 넣은 비빔밥만 만드시나요?
둥글넓적하게 빚은 나물밥전을 노릇노릇하게 지져 고소하게 즐겨보세요.
밥의 간은 나물로 맞추고 잘 뭉칠 수 있도록
달걀과 녹말가루를 섞어 반죽하면 모양잡기도 수월해요.

MONDAY　TUESDAY　WEDNESDAY　THURSDAY　FRIDAY　**SATURDAY**　SUNDAY

필수 재료
나물 도라지, 고사리, 취나물 등 1½컵,
밥 3공기, 달걀 2개

선택 재료
녹말가루 3큰술, 참기름 1작은술

1 나물은 잘게 다지고,
TIP 남은 나물에는 간이 되어 있어 밥에는 따로 간을 안해도 돼요.

2 따뜻한 밥에 다진 나물, 달걀, 녹말가루, 참기름을 넣어 치대듯 섞고,

3 둥글넓적하게 빚고 팬에 식용유 2큰술를 둘러 중간 불에 앞뒤로 노릇하게 부쳐 마무리.

5분 버는 스마트 요리법

남은 나물이 있다면 김과 밥으로 돌돌 말아 나물김밥을 즐겨 보세요.

① 나물은 잘게 다지고,
② 김발에 김을 올리고 밥을 얇게 편 뒤 나물을 올리고,
③ 돌돌 말아 먹기 좋은 크기로 썰어 마무리.

PLUS TIP

폼나게 도시락 싸는 노하우

이 책에서 소개하는 볶음밥, 덮밥, 주먹밥은 도시락으로도
싸기 좋은 메뉴들이에요. 집에서는 맛있는 한 그릇 음식으로,
밖에서는 간편한 도시락으로 싸는 유용한 팁 알려드릴게요.

- 김을 두른 삼각김밥은 눅눅해지기 쉬워요. 그래서 나무재질로 된 용기에 담아 주는 게 좋아요.

- 중국집에서 배달 온 익숙한 젓가락보다는 같은 나무재질이지만 예쁜 숟가락과 포크 세트를 준비해 보세요. 세트로 함께 묶어 준비한다면 받는 사람도 기분 좋아질 거예요.

- 밥 먹다 체할 순 없죠? 소화가 잘되는 매실주스나 비타민 듬뿍 레몬주스, 자몽주스를 함께 챙겨 보세요. 피크닉의 센스 있는 주인공이 될 거예요.

- 냉장고에 굴러다니는 채소를 이용해 채소스틱을 만들어 보세요. 아삭하니 씹는 재미를 준답니다.

- 김밥을 그냥 담아가기 아쉽다면 기름종이에 1인분씩 사탕모양으로 돌돌 말아 보세요. 젓가락 없이도 한입에 쏙쏙 넣어 먹을 수 있어 간편하답니다.

- 노릇노릇 구운 밥전은 고소하지만 손에 묻는다는 단점이 있죠? 그렇다면 기름종이로 손잡이를 만들어 보세요. 서로 들러붙는 것도 방지하고 깔끔하게 먹을 수 있답니다.

- 칸막이가 없는 도시락통에 밑반찬을 함께 담을 경우 유산지컵을 사용하세요. 한입 크기의 주먹밥들은 빽빽하게 담아야 모양이 잘 유지된답니다!

PART 8
일요일엔 **후루룩 면요리**

명란오일파스타 238p

*모든 요리는 4인분 기준입니다.

색색의 고명이 예쁜
잔치국수

주말에 만만하게 만들수 있는 뜨끈한 국물의 잔치국수예요.
소박하지만 깔끔하게 올라간 고명이 보기도 좋고, 멸치육수의 시원한 맛을 느낄 수 있어요.
더운 여름엔 차게, 추운 겨울엔 따뜻하게 즐겨 보세요.

MONDAY　TUESDAY　WEDNESDAY　THURSDAY　FRIDAY　SATURDAY　**SUNDAY**

필수 재료
소면 400g,
멸치다시마육수 2.4L (만드는 법 82p)

선택 재료
장조림 100g, 달걀 2개, 애호박 ½개,
당근 ¼개

양념
소금 약간, 국간장 2큰술, 국시장국 2큰술

간편하게 시판제품*
소면은 이 제품을 사용했어요.

1
장조림은 결대로 찢고,
달걀은 지단을 부쳐
채 썰고,
TIP 다진 소고기에 갖은
　　양념을 넣어 물기없이
　　볶아 사용해도 돼요.

2
애호박과 당근은 채
썰어 소금 약간을 뿌려
숨을 죽인 뒤 팬에
식용유 약간를 두르고
중약 불에 볶고,

3
냄비에 소면*을 삶아
찬물에 헹궈 물기를 빼
그릇에 말아 올리고,

4
육수는 국간장과
국시장국으로 간을 해
말아 놓은 소면에
토렴하고,
TIP 토렴은 말아 놓은
　　국수에 뜨거운 국물을
　　부었다가 따라내기를
　　반복해 따뜻하게
　　덥히는 거예요.

5
소면이 뜨거워지면
육수를 부은 뒤 준비한
고명을 올려 마무리.

싱싱한 바지락 내음
바지락칼국수

바닷가 가면 바지락 잔뜩 넣고 끓인 바지락 칼국수 메뉴가 많이 보여요.
살이 통통한 바지락을 쏙쏙 빼 먹으면 바다 내음이 물씬 나지요.
바지락은 오래 끓이면 살이 질겨지고 작아지니,
입을 벌리면 건져 놨다가 먹기 직전에 다시 넣어 주세요.

MONDAY TUESDAY WEDNESDAY THURSDAY FRIDAY SATURDAY **SUNDAY**

필수 재료
멸치육수 2.4L(만드는 법 82p),
바지락 1kg, 생칼국수 4인분

선택 재료
애호박 ¼개, 양파 ¼개, 당근 ¼개,
청양고추 2개, 팽이버섯 1개

양념
국간장 2큰술, 다진 마늘 3작은술,
소금 약간, 후춧가루 약간

1
애호박, 양파, 당근은 채 썰고, 청양고추는 어슷 썰고, 팽이버섯은 가닥가닥 떼어놓고.

2
멸치다시마육수에 해감한 바지락을 넣고 끓이다 바지락이 입을 벌리면 건져내고.

3
끓는 육수에 생칼국수와 애호박, 양파, 당근, 청양고추를 넣어 끓이고.
TIP 칼국수는 찬물에 헹궈 겉면의 전분을 씻어낸 뒤 넣어야 국물이 탁해지지 않아요.

4
국간장, 다진 마늘, 바지락을 넣고 바글바글 끓으면 팽이버섯을 넣고 소금과 후춧가루로 간을 맞춰 마무리.

5분 버는 스마트 요리법

바지락칼국수의 맛을 업그레이드해 주는 비법 양념장을 소개해요. 미리 만들어 숙성하면 더 맛있게 즐길 수 있어요.

매운 양념장
고운 고춧가루 2큰술+참치액젓 2큰술+맛술 0.5작은술+다진 파 1큰술+다진 마늘 1큰술+다진 청양고추 1큰술+후춧가루 0.5작은술

맛집의 비법을 가미한
닭칼국수

보통 닭칼국수는 닭만 끓여 살을 발라내어 국물에 끓이는데,
유명한 맛집에서는 바지락을 함께 넣어 시원한 감칠맛을 더하더군요.
맛집의 비법을 담아 더 맛있게 만들어 보세요.

MONDAY　TUESDAY　WEDNESDAY　THURSDAY　FRIDAY　SATURDAY　**SUNDAY**

필수 재료
닭 1마리, 바지락 2봉지,
다시마육수 5컵(만드는 법 82p),
생칼국수 4인분

선택 재료
대파 2대, 천일염 약간

닭육수 재료
양파 1개, 마늘 6톨, 통후추 1작은술

양념장
고춧가루 1큰술+간장 3큰술+맛술 0.5큰술+
다진 파 1큰술+다진 마늘 0.5큰술+
다진 풋고추 3큰술

1

닭은 냄새가 나기 쉬운 꽁지 부분을
잘라내고 깨끗이 씻어 냄비에 **닭육수
재료**, 물 2L, 대파 1대와 함께 넣어
1시간 정도 끓이고,
TIP 압력솥에 넣고 추가 흔들린 뒤 20분간
삶아 주면 좀 더 빨리 익힐 수 있어요.

2

바지락은 해감해 다시마육수에 20분
정도 삶아 건지고,

3

양념장은 섞고, 대파 1대는 송송 썰고,

4

익힌 닭은 건져 살만 발라내고,
국물은 체에 밭쳐 걸러내고,

5

닭육수와 바지락육수를 섞어 끓으면
생칼국수, 닭살, 바지락, 천일염 약간을
넣어 끓이고, 송송 썬 대파를 얹은 뒤
양념장을 곁들여 마무리.

5분 버는 스마트 요리법

백숙 끓이고 남은 국물에 밥과 채소를 다져 넣고 죽을 끓여 먹어요.
❶ 닭백숙은 남은 살을 발라내고,
❷ 양파, 당근, 부추 등의 자투리 채소를 곱게 다지고,
❸ 냄비에 참기름을 두르고 채소를 볶다가 밥을 넣어 볶고,
❹ 남은 육수를 부어 끓이다 발라둔 닭살을 넣고 소금으로 간을 맞춰 마무리.

탱탱한 어묵 맛이 돋보이는
어묵꼬치우동

어묵을 꼬치에 꽂아 끓이면 어묵의 탱탱한 맛이 살아 있는데요.
담백한 국물을 위해 어묵을 끓는 물에 한 번 데쳐 기름기를 빼 주세요.

필수 재료
모둠어묵꼬치 4꼬지, 우동면 4팩

선택 재료
붉은 고추 1개, 팽이버섯 1봉, 쑥갓 약간,
삶은 달걀 2개,
멸치다시마육수 8컵(만드는 법 82p),
가다랑어포 ½컵

양념
우동간장 3큰술, 청주 1큰술, 소금 약간

1
모둠어묵꼬치는 체에 밭쳐 끓는 물을 끼얹어 기름기를 빼고,

2
붉은 고추는 채 썰고, 팽이버섯은 6~7가닥씩 떼어 놓고, 쑥갓은 잎만 떼놓고, 삶은 달걀은 반 가르고,

3
멸치다시마육수를 끓이다가 불을 끄고 가다랑어포를 넣어 10분 뒤 체에 거르고 우동간장, 청주, 소금 약간을 넣어 간을 맞추고,
TIP 우동간장이 없으면 국간장으로 대신하고 맛술을 약간만 넣어 주세요

4
모둠어묵꼬치와 우동면을 넣고 끓이다가 팽이버섯을 넣고 익힌 뒤 그릇에 담고 붉은 고추, 쑥갓, 삶은 달걀을 고명으로 올려 마무리.

밥 대신 호로록 먹기 좋은
카레우동

요즘은 카레전문점에서 카레라이스 대신 카레우동을 찾는 이들도 많아졌죠. 밥이 싫은 날, 카레소스에 쫄깃한 우동 면발을 넣어 보세요. 카레우동은 카레소스를 조금 묽고 부드럽게 만드는 게 비법이랍니다.

MONDAY　TUESDAY　WEDNESDAY　THURSDAY　FRIDAY　SATURDAY　**SUNDAY**

필수 재료
쇠고기 불고기용 200g, 우동면 4팩, 일본고형카레 6조각

선택 재료
양파 1개, 당근 ½개, 감자 1개, 대파 1대, 다시마육수 10컵(만드는 법 82p)

양념
간장 1큰술, 맛술 2큰술, 혼다시 0.5작은술

1
양파는 채 썰고, 당근과 감자는 작게 깍둑 썰고, 쇠고기는 키친타월에 올려 핏물을 빼고,

2
대파는 채 썰어 찬물에 담그고, 우동면은 삶아 체에 밭치고,

3
냄비에 식용유 1큰술를 두르고 양파를 넣고 갈색이 돌도록 볶다가 당근, 감자, 쇠고기를 넣어 볶고,

4
고기의 겉면이 익으면 다시마육수와 **양념**을 넣고 채소가 익으면 카레를 풀고 중간 불로 10분 정도 졸이고,

5
그릇에 데친 우동면과 카레를 담은 뒤 대파채를 올려 마무리.
TIP 우동면이 차면 끓는 물에 다시 담갔다가 건져 사용해요.

5분 버는 스마트 요리법

캠핑가느라 사둔 3분 카레가 있다면 조금 더 쉽게 만들 수 있어요.

❶ 3분 카레에 다시마육수로 농도를 조절해 끓이다가 모자라는 간은 간장, 맛술, 혼다시를 넣어 맞추고,
❷ 우동면을 끓는 물에 데쳐 그릇에 담고,
❸ 끓인 카레소스를 붓고 대파채를 올려 마무리.

면발이 땡길 때 해물 듬뿍 넣은
해물볶음우동

좋아하는 해물을 잔뜩 넣어 볶으면 갖가지 해물의 맛있는 감칠맛이 채소에도 스며들어요. 조개류를 볶을 때 청주나 화이트와인을 넣으면 자작한 국물이 생겨 조개가 입을 벌리기 쉬워지고 해산물의 비린내도 잡아 줘요.

MONDAY TUESDAY WEDNESDAY THURSDAY FRIDAY SATURDAY **SUNDAY**

필수 재료
칵테일새우 15마리, 오징어 1마리,
바지락 1봉, 우동면 3팩

선택 재료
양파 1개, 피망 녹색, 붉은색 ½개씩, 마늘 3톨,
숙주나물 200g=1봉지,
청주 1큰술, 가다랑어포 ½컵

양념
소금 약간, 굴소스 1큰술,
데리야키소스 2큰술, 참기름 0.5큰술,
후춧가루 약간

1

칵테일새우는 해동하고, 손질한
오징어는 한입 크기로 썰고,
바지락은 해감하고,

2

양파와 피망은 굵게 채 썰고, 마늘은
납작 썰고, 숙주는 씻어 체에 밭치고,

3

끓는 물에 우동면을 2~3분 데쳐
찬물에 헹궈 체에 밭치고,

4

팬에 식용유 4큰술를 두르고
다진 마늘, 다진 파를 넣어 향이
나면 센 불에서 해물과 청주 1큰술를
넣어 볶고, 양파, 피망, 우동면,
굴소스, 데리야키소스를 넣어 볶고,

5

숙주를 넣고 숨이 죽으면 참기름,
소금, 후춧가루로 간을 맞추고
가다랑어포를 얹어 마무리.

5분 버는 스마트 요리법

같은 소스에 면만 바꿔 색다른 해물볶음라면을 만들어 보세요.

❶ 냉동 해물믹스는 해동해 끓는 물에 데쳐 체에 건지고,
❷ 라면은 끓는 물에 삶아 체에 건져 찬물에 헹구고, 양파, 피망, 마늘, 파는 썰고,
❸ 달군 팬에 식용유를 두르고 채소를 볶다가 해물과 라면을 넣고 굴소스 1큰술,
  데리야끼소스 2큰술, 소금, 후춧가루로 간을 맞추고 가다랑어포를 얹어 마무리.

중국집 부럽지 않은
쟁반자장

각종 채소와 해물을 볶아 푸짐하게 만들어
다같이 먹는 쟁반자장이에요.
집에서 직접 춘장을 볶아 더욱 맛있고 건강하게 즐길 수 있어요.

MONDAY　TUESDAY　WEDNESDAY　THURSDAY　FRIDAY　SATURDAY　**SUNDAY**

필수 재료
오징어 1마리, 돼지고기 150g, 생면 3봉지

선택 재료
칵테일새우 200g, 애호박 100g, 양파 2개,
당근 100g, 양배추 3장, 양송이버섯 5개,
오이 ½개

자장소스
올리브유 4큰술, 춘장 4큰술, 설탕 1큰술,
굴소스 1큰술, 간장 1큰술, 녹말물 3~4큰술

양념
청주 2큰술, 다진 마늘 1큰술,
생강가루 1작은술, 후춧가루 약간

1

손질한 오징어와 칵테일새우는 끓는 물에 청주 1큰술를 넣어 데치고,
TIP 해산물을 데치면 비린내가 없어지고 볶을 때 물이 많이 나오지 않아요.

2

돼지고기, 애호박, 양파, 당근은 깍둑 썰고, 양배추는 네모나게 썰고, 양송이는 납작 썰고, 오이는 채 썰고.

3

올리브유 3큰술를 두른 팬에 춘장과 설탕을 넣고 약한 불에서 윤기가 나도록 볶아 덜어 놓고,
TIP 3분 이상 볶아야 떫은 맛이 없어져요. 짜장가루를 이용할 때는 설탕을 넣지 않아요.

4

다른 팬에 올리브유 1큰술, 다진 마늘, 생강가루, 후춧가루를 넣고 볶다가 양파, 당근, 양배추, 굴소스, 청주 1큰술, 간장을 넣어 볶고 춘장을 넣어 한 번 더 뒤적이고,

5

물 1컵, 양송이버섯, 데친 해산물을 넣고 끓어오르면 녹말물을 넣어 농도를 조절한 뒤 삶은 생면위에 올리고 채 썬 오이를 얹어 마무리.

술 마신 다음날에 꼭
콩나물대파라면

술 마신 다음날이면 라면을 찾는 분들 많죠?
대파를 달달 볶아 향을 내고, 숙취 해소에 좋은 콩나물과 바지락,
매콤한 청양고추로 속풀이라면을 만들어 보세요.

SUNDAY

필수 재료
냉동 유부 2장, 냉동새우 1컵,
바지락 1봉지, 콩나물 200g, 라면 4개

선택 재료
청양고추 4개, 마늘 3톨, 대파 1대

양념
고추기름 1큰술, 고춧가루 1큰술

1

유부는 도톰하게 채 썰고, 냉동새우는 해동하고, 청양고추는 송송 썰고, 마늘은 납작 썰고, 대파는 어슷 썰고,

2

바지락은 해감하고, 콩나물은 씻어 준비하고,

3

냄비에 고추기름, 마늘, 대파를 넣어 볶다가 라면수프, 고춧가루를 넣고 살짝 뒤적인 뒤 물 2ℓ을 넣어 끓이고,

4

팔팔 끓으면 콩나물, 바지락, 새우를 넣고 다시 끓으면 라면을 넣어 끓이고,

5

라면이 다 익을 무렵 유부, 청양고추를 넣고 한 번 더 끓여 마무리.
TIP 대파의 흰 부분을 채 썰어 얼음물에 담갔다가 라면 위에 얹어 내도 좋아요.

담백하게 즐기는 대세 파스타
명란오일파스타

올리브유에 마늘을 볶은 파스타를 알리오올리오라 부르죠.
특유의 담백한 맛에 짭조름한 명란젓으로 간을 더했어요.
크림이나 토마토소스보다 조리법이 간단해 뚝딱 만들 수 있어요.

필수 재료
마늘 5톨, 명란젓 100g, 스파게티 400g

선택 재료
김 ¼장, 쪽파 2대, 소금 1.5큰술, 올리브유 3큰술

양념
참기름 약간, 후춧가루 약간

1

김은 가늘게 오리고, 쪽파는 송송 썰고, 마늘은 얇게 썰고, 명란젓은 속만 발라내고,

2

냄비에 물 3L, 소금 1큰술을 넣고 끓으면 스파게티를 8분 정도 삶아 건지고, 삶은 물 1컵을 남기고,

3

달군 팬에 올리브유 3큰술를 두르고 마늘을 볶아 향을 내고,

4

삶은 스파게티, 명란젓, 파스타 삶은 물 ½컵을 넣어 볶고, 국물이 졸아들면 파스타 삶은 물 ½컵을 조금씩 넣어가며 간을 맞춘 뒤 후춧가루를 넣고,

5

그릇에 담고 참기름 약간을 두른 뒤 김과 쪽파를 올려 마무리.

한국인 입맛에도 딱
팟타이

팟타이는 '저으면서 익힌다'는 의미의 태국 쌀국수 요리예요. 부드럽게 익힌 달걀과 해물 등을 넣고 볶아 맛을 내는데 독특한 향신료 대신 간단히 피시소스와 굴소스만으로도 한국인의 입맛에 딱 맞는 팟타이를 만들 수 있어요.

필수 재료
쌀국수 150g, 숙주 100g, 오징어 1마리, 새우 중하 12마리, 달걀 2개, 다진 돼지고기 50g

선택 재료
부추 20g, 풋고추 1개, 붉은 고추 1개, 마늘 2톨, 라임 1개

고기밑간
설탕 약간, 피시소스 0.5작은술, 후춧가루 약간

양념
설탕 1큰술, 굴소스 2큰술, 피시소스 1큰술, 고추기름 1.5큰술

1

쌀국수는 찬물에 1시간 동안 불려 체에 밭치고, 숙주는 씻어 체에 밭치고,

2

부추는 4cm 길이로 썰고, 고추는 송송 썰고, 마늘은 납작 썰고, 오징어는 한입 크기로 썰고, 새우는 해동하고, 달걀은 스크램블 해 덜어두고,

3

돼지고기는 **고기밑간**을 하고, 팬에 고추기름 1큰술을 둘러 마늘을 볶다가 밑간한 돼지고기를 볶고,

4

오징어, 새우, 쌀국수, **양념**, 물 1큰술을 넣어 볶고,

5

숙주와 고추를 넣고 센 불에서 한 번 더 볶아 그릇에 담고 다진 땅콩과 라임 ¼개씩을 곁들여 마무리.
TIP 고수를 올려 향을 더해도 좋아요.

술안주 대신 쫄깃한 한 끼로
골뱅이비빔국수

골뱅이 하면 술안주로만 떠올리나요? 쫄깃한 식감이 매력적인 골뱅이는 비빔국수에 넣어도 국수와 참 잘 어울려요. 골뱅이 대신 소라를 넣어도 좋고, 로메인 상추 대신 봄동을 넣어도 맛있어요.

MONDAY　TUESDAY　WEDNESDAY　THURSDAY　FRIDAY　SATURDAY　**SUNDAY**

필수 재료
양파 ½개, 오이 1개, 통조림 골뱅이 1캔, 중면 400g

선택 재료
로메인 상추 4장

양념
참기름 2작은술, 통깨 1큰술

양념장
설탕 4작은술+고춧가루 1큰술+식초 2큰술+
레몬즙 1작은술+맛술 1작은술+
다진 마늘 1큰술+고추장 6큰술

간편하게 시판제품★
양념장 대신 이 제품을 사용해도 좋아요.

1 양념장★을 섞고,

2 양파는 채 썰고, 오이는 반달 썰고, 로메인 상추는 한입 크기로 썰고, 골뱅이는 먹기 좋은 크기로 썰고,
TIP 골뱅이 대신 소라를 사용할 경우엔 청주를 넣은 물에 삶아 식힌 뒤 소금, 참기름으로 살짝 밑간해 넣어요.

3 냄비에 물 3L 넣고 중면을 삶아 찬물에 헹궈 물기를 빼고,
TIP 한 번 끓으면 찬물을 ½컵 넣고 뚜껑을 닫고 다시 끓어오르면 찬물 ½컵을 넣어 삶으면 탄력 있는 면발을 맛볼 수 있어요.

4 채소와 양념장, 골뱅이를 넣고 버무린 뒤 참기름을 둘러 한 번 더 버무려 그릇에 담고 통깨를 뿌려 마무리.

5분 버는 스마트 요리법

흔히 골빔면이라 불리는 골뱅이비빔면은 시판용 비빔면을 이용하면 좀 더 간단하죠. 부재료를 조금 더 넣어 주면 차별화된 맛의 차이를 느낄 수 있어요.

❶ 양파 ¼개, 오이 ⅓개, 깻잎 5장을 곱게 채 썰고, 청양고추 2개는 송송 썰고, 골뱅이 통조림은 체에 밭치고,

❷ 끓는 물에 비빔면 2개를 삶아 찬물에 헹궈 물기를 빼고,

❸ 양념장, 오이, 골뱅이, 삶은 면을 넣고 버무려 그릇에 담고 채 썬 깻잎과 청양고추를 올린 뒤 통깨약간, 참기름약간을 뿌려 마무리.

고소한 두부로 간편하게 만드는
두부콩국수

콩국수 국물을 만들다 자칫 덜 익히면 비린 맛이 강하고 너무 익히면 메주 냄새가 나서 사 먹게 된다고요? 그럼 간단하게 두부를 이용해 콩국물보다 더욱 진하고 고소한 두부콩국수를 만들어 보세요.

MONDAY　TUESDAY　WEDNESDAY　THURSDAY　FRIDAY　SATURDAY　**SUNDAY**

필수 재료
두부 1모, 소면 400g

필수 재료
오이 1개, 토마토 1개, 삶은 달걀 2개

콩국물 재료
우유 4컵, 땅콩버터 2큰술,
볶은 콩가루 4큰술, 통깨 2큰술

간편하게 시판제품★
소면은 이 제품을 사용했어요.

1

믹서에 두부와
콩국물 재료를 넣어 곱게
갈아 두부콩국을
만들고 냉장실에 차게
준비하고,

2

오이는 채 썰고,
토마토는 반달 썰고,
삶은 달걀은 반 갈라
준비하고,

3

냄비에 물 3L을 넣고
끓으면 소면★을 삶아
찬물에 헹궈 건지고,

4

그릇에 소면을 1인분씩
돌려 담고 두부콩국을
부은 뒤 오이, 토마토,
삶은 달걀을 올려
마무리.

쫄깃한 면발의 분식
쫄면

쫄깃쫄깃한 면발 때문에, 혹은 학창시절 추억의 분식집
메뉴라서인지 여름철이면 꼭 생각나는 쫄면.
다른 국수들은 다양한 채소를 대신해 만들어도 맛있지만
쫄면만큼은 아삭한 콩나물과 양배추,
향긋한 깻잎이 꼭 들어가야 맛이 나요.

MONDAY TUESDAY WEDNESDAY THURSDAY FRIDAY SATURDAY **SUNDAY**

필수 재료
콩나물 300g, 오이 1개, 깻잎 10장,
양배추 3장, 당근 ½개, 쫄면 600g,
삶은 달걀 1개

콩나물밑간
소금 0.5작은술, 참기름 0.5큰술,
깨소금 1작은술

양념장
설탕 2큰술+고춧가루 3큰술+식초 6큰술+
사이다 4큰술+맛술 2큰술+고추장 6큰술+
물엿 2큰술+고추냉이 0.2작은술+
참기름 1.5큰술+통깨 1.5큰술

간편하게 시판제품★
양념장 대신 이 제품을 사용해도 좋아요.

1

양념장★은 미리 섞어 냉장실에 1시간 이상 숙성시키고, 콩나물은 끓는 물에 4분간 데쳐 찬물에 헹군 뒤 **콩나물밑간**을 넣고 무치고,

TIP 양념장을 넉넉히 만들어 놓으면 냉장실에서 한 달 정도 보관 가능해요. 다양한 비빔국수에 양념장으로 사용해도 좋아요.

2

채소는 곱게 채 썰고,

3

쫄면은 손바닥으로 비벼 가닥가닥 뜯어 끓는 물 3L에 2~3분간 삶은 뒤 찬물에 전분기를 씻어 체에 밭쳐 물기를 빼고,

TIP 쫄면은 삶기 전에 꼭 가닥가닥 떼어 낸 뒤 삶아야 뭉치지 않아요.

4

양념장 반을 덜어 쫄면과 함께 버무린 뒤 그릇에 나눠 담고, 채 썬 채소와 콩나물, 삶은 달걀을 올리고 남은 양념장을 곁들여 마무리.

쫄면을 만들어 먹고 채소와 양념장이 남았다면 회덮밥용 냉동 참치나 연어를 구입해 회덮밥을 만들어 보세요.

❶ 냉동 참치는 미지근한 소금물(물 5컵+소금 1큰술)에 담가 해동하고,
TIP 연어의 경우는 냉장실에서 해동시켜요.
❷ 따뜻한 밥에 쫄면용 채소를 돌려 담고 해동한 참치를 올리고,
❸ 청양고추를 송송 썰어 양념장과 함께 올려 마무리.

시판소스로 편하게
메밀국수

여름이면 생각나는 메밀국수는 살얼음 살짝 낀 갈색소스와 하얀 무, 초록 고추냉이의 색감이 온몸을 시원하게 만들어 주죠. 건면과 생면 중 생면이 좀 더 탱글탱글하고 메밀의 향이 진하게 나요.

| MONDAY | TUESDAY | WEDNESDAY | THURSDAY | FRIDAY | SATURDAY | **SUNDAY** |

필수 재료
다시마육수 2L(만드는 법 82p),
시판용 국수장국 1½컵, 메밀면 4인분

선택 재료
조각 얼음 5~6개, 무 1토막=10cm,
쪽파 50g, 김 1장, 고추냉이 약간

간편하게 시판제품*
국수장국은 이 제품을
사용했어요.

1

다시마육수에
국수장국*을 섞어
냉장실에 차게 준비하고,

2

냄비에 물을 넉넉하게
붓고 끓으면 메밀면을
넣고 4~5분 정도 삶아
얼음물에 여러 번 헹궈
물기를 빼고,
TIP 찰기가 부족한 메밀면은
삶자마자 얼음물에
헹궈야 탱글탱글해요.

3

무는 강판에 갈아
물기를 짜고, 쪽파는
송송 썰고, 김은 살짝
구워 길게 자르고,

4

그릇에 메밀면과 국물
을 담고 김, 간 무, 쪽파,
고추냉이를 곁들여
마무리.

가지냉국의 국수버전
냉가지조림국수

더워지면서 많이 나오는 가지는 여름을 대표하는 채소 중 하나예요. 쫄깃한 식감을 더 내고 싶다면 가지를 잘라 반나절 정도 햇볕에 널어 두었다가 꼬들해지면 사용해 보세요. 볶을 때 기름도 덜 먹고, 음식을 만들어 놓아도 탱탱하고 쫄깃한 식감이 오래 가요.

MONDAY TUESDAY WEDNESDAY THURSDAY FRIDAY SATURDAY **SUNDAY**

필수 재료
가지 5개, 소면 400g,
멸치다시마육수 4컵(만드는 법 82p)

선택 재료
양파 2개, 천일염 1작은술, 김치 1컵

소스 재료
물 3컵, 농축메밀간장 2컵, 국간장 2큰술,
얇게 썬 생강 3~4쪽

김치밑간
설탕 1작은술, 참기름 1작은술, 통깨 1작은술

1

가지는 1cm로 자르고, 양파는 1cm로 굵게 채 썰어 팬에 식용유 4큰술을 둘러 살짝 익히고,
TIP 식용유를 한꺼번에 많이 두르면 가지가 기름을 모두 흡수해 버리니 조금씩 넣어가며 구워요.

2

냄비에 **소스 재료**를 모두 넣고 끓으면 10초 정도 뒤에 불을 꺼 식히고, 보관통에 구운 가지와 양파를 넣고 소스를 부어 냉장실에 하루 정도 두고,

3

냄비에 물 3L을 넣고 소면을 삶아 찬물에 헹궈 건지고, 김치는 **김치밑간**에 버무리고,

4

그릇에 소면과 멸치다시마육수를 나누어 담고, 가지, 양파, 김치고명을 얹고 가지양파소스로 간을 맞춰 마무리.

PLUS TIP

실패 없이 탱글탱글 면 삶는 노하우

잘 만든 비빔장과 맛을 살리는 다양한 재료를 준비해도
면을 잘못 삶아 덜 익거나 불어 버리면 망쳐 버리기 십상이죠.
면에 따라 쫄깃하고 탱탱하게 삶는 비법을 알려드려요.

국민 면발 라면

1. 물550ml을 팔팔 끓인 후 라면을 넣어 풀지 않고 그대로 익히고,
2. 면이 알맞게 익으면 체에 밭쳐 물기를 빼 마무리.

TIP 라면을 끓일 때 뚜껑을 열고 끓이면 유증기를 뺄 수 있어요. 기름기도 없앨뿐더러 튀긴 냄새도 함께 없앨 수 있답니다.

넉넉한 냄비에 찬물을 부어가며 끓이는 소면

1. 물5컵=1L을 팔팔 끓인 후 소면1줌=100g을 부채꼴 모양으로 넓게 펴서 넣고,
2. 거품이 생기면서 끓어오르면 찬물1컵 붓는 과정을 2회 반복하고,
3. 다 삶아지면 바로 찬물에서 손으로 비벼가며 3~4회 헹구고 체에 밭쳐 물기를 빼 마무리.

TIP 소면을 삶을 때는 나중에 넣는 찬물의 양도 생각해 넉넉한 크기의 냄비를 준비해야 돼요. 소면은 삶은 뒤 찬물에 바락바락 헹궈야 면의 표면에 남아 있는 전분이 깨끗이 씻겨나가 매끄러운 면발이 된답니다.

소금 넣고 끓이는 스파게티

1. 물5컵=1L에 소금1큰술을 넣고 끓으면 스파게티면 1줌=100g를 넣어 뚜껑을 덮지 않은 채로 저어가며 9분 정도 삶고,
2. 면이 알맞게 익으면 체에 밭쳐 물기를 빼고,
3. 바로 사용하지 않을 땐 올리브유를 발라 마무리.

TIP 보통 스파게티면을 넣고 7~8분 정도 지나면 심이 살아 있는 알덴테(단면을 잘랐을 때 샤프심 굵기의 하얀 심이 보이는 상태가 되는데, 면 속까지 익히고 싶다면 10분 정도 익혀주세요. 스파게티를 다른 면들처럼 찬물에 헹구지 않는 이유는 표면에 남아 있는 전분이 소스와 면의 밀착력을 높여 주기 때문이랍니다.

면끼리 뭉치지 않게 끓여야 제맛 칼국수면

1. 적당량의 육수를 팔팔 끓이고,
2. 면을 잘 가루를 털고 끓는 육수에 넣고,
3. 채소를 넣고 8분간 충분히 익힌 후 고명을 얹어 마무리.

TIP 칼국수는 면끼리 서로 뭉치는 것을 방지하기 위해 덧가루를 묻혀 놓는데, 이는 국물을 걸쭉하게 만들기 때문에 조리 전 가루를 털거나 흐르는 물에 헹구는 것이 좋아요. 면을 삶기 전에 면 다발을 손으로 풀어 헤친 뒤 끓는 물에 넣고 잘 저어 주면 뭉치는 것을 방지할 수 있답니다.

은은한 향이 있는 메밀면

1. 물 5컵=1L을 넣고 끓으면 메밀면을 탈탈 털어 넣어 끓이고,
2. 메밀면이 바닥에 붙지 않게 젓가락으로 잘 저어 주고,
3. 거품이 생기면서 끓어오르면 찬물 1컵 붓는 과정을 2회 반복하고,
4. 다 삶아지면 바로 찬물에서 손으로 비벼가며 씻어 3~4회 헹구고 체에 받쳐 물기를 빼 마무리.

면 속까지 탱탱하게 우동면

1. 물 2컵을 냄비에 부어 끓이고,
2. 끓는 물에 우동면을 넣고 2분간 더 끓인 뒤 건져 찬물에 헹궈 마무리.

TIP 끓는 물에 면을 넣고 면이 자연스레 떠오르면 젓가락으로 살살 풀어가며 익히고 물이 다시 끓어오를 때 찬물을 살짝 부어 주세요. 이렇게 하면 면 속까지 탱탱해져요. 살짝 투명한 색이 돌 때 건져 주세요.

ㄱ

게살미역죽	60
고추냉이참치마요김밥	192
곤드레나물밥	154
골뱅이비빔국수	242
김치김밥	190
김치베이컨볶음밥	20
김치치즈밥	162
김치콩나물죽	58
꼬막비빔밥	138
꽃게살비빔밥	140

ㄴ

나물밥전	216
냉가지조림국수	250
노각생채비빔밥	120
누룽지카레죽	80

ㄷ

달걀말이김밥	188
달걀볶음밥	18
달걀새우칠리덮밥	98
닭고기비빔밥	142
닭칼국수	226
대패삼겹살덮밥	106
더덕솥밥	166
돈가스덮밥	110
돼지고기김치밥	160
돼지고기장아찌볶음밥	36
된장아욱죽	52
두부콩국수	244
들깨닭국	70
떡갈비주먹밥	206
뚝배기김치알밥	164

ㅁ

마파소스덮밥	114
매생이바지락죽	68
매콤김치참치덮밥	86
멍게비빔밥	136
메밀국수	248
멸치깻잎쌈밥	202
명란볶음밥	24
명란새우무스비	208

명란오일파스타	238
무굴밥	174
묵은지초밥	200

ㅂ

바지락죽	64
바지락칼국수	224
버섯영양솥밥	168
부추강된장비빔밥	128
불고기비빔밥	146
불고기치즈김밥	194

ㅅ

산채나물비빔밥	124
삼선볶음밥	30
새우애호박죽	66
새우파프리카볶음밥	28
쇠고기덮밥	102
쇠고기무밥	182
쇠고기버섯죽	72
스테이크비빔밥	144
시래기잔멸치주먹밥	212
쌈채소겉절이비빔밥	132

ㅇ

양배추쌈밥	204
어묵꼬치우동	228
연근크림죽	78
연어통조림롤	196
열무보리비빔밥	130
우곡밥	172
오니기리	210
오므라이스	44
오이게살초밥	198
오징어덮밥	94
옥수수양파죽	76
일본식카레라이스	90

ㅈ

잔멸치볶음밥	32
잔치국수	222
장어구이덮밥	96
장조림버터비빔밥	148
쟁반자장	234

전복영양밥	180
제육덮밥	108
짜장덮밥	104
짜장볶음밥	40
쫄면	246

ㅊ

찬밥달걀죽	56
참치마요덮밥	88
참치볶음밥	34
참치새싹비빔밥	122
참치채소죽	54
찹쌀주먹밥튀김	214
채소솥밥	170
청국장비빔밥	126
취나물밥	156
치즈감자죽	74
치킨데리야키볶음밥	22
치킨도리아	42
치킨마요덮밥	100

ㅋ

카레볶음밥	38
카레우동	230
콩나물대파라면	236
콩나물밥	158

ㅌ

토마토소스리소토	46
토마토카레덮밥	92

ㅍ

파인애플볶음밥	26
팟타이	240

ㅎ

해물볶음우동	232
해물솥밥	176
햄버거덮밥	112
홍합밥	178
황태죽	62
훈제연어비빔밥	134

엄마가 행복한 실용 만점 요리책 시리즈

아이들에게 건강하고 맛있는 음식을 만들어주고 싶은게 바로 엄마 마음.
반찬이 없어도 한 그릇이면 충분한 밥 요리와
엄마 정성 가득 담긴 집밥 요리로 마음을 전해보세요.
아이들 간식도 시판 믹스로 더욱 간편하고 맛있게.
시판 믹스만 있으면 복잡하고 어렵게만 느껴졌던
베이킹도 집밥보다 쉬워진답니다.
마음까지 가벼워지는 특별가로 만나보세요!

노애리 지음 | 248쪽 | 8,800원 | 그리고책   정미경 지음 | 248쪽 | 8,800원 | 그리고책   이밥차 요리연구소 지음 | 196쪽 | 8,800원 | 그리고책

게으른
요리